**좋은 정치는
어떻게 만들어지는가**

지은이 이철희

1964년 경북 영일에서 태어났다. 고려대학교 정치외교학과를 졸업하고 동 대학원에서 석사 학위를 받았다. 그로부터 30년 뒤 한신대학교에서 '노무현 대통령과 박근혜 대통령 탄핵을 비교·분석하는 연구'로 박사 학위를 받았다. 국회에서 사회생활을 시작해 민주당 전략기획위원장, 제20대 국회의원을 지낸 뒤 '상대를 죽여야 내가 사는 정치'가 싫어 국회를 떠났고 2021년 4월부터 문재인 정부의 마지막 청와대 정무수석비서관으로 일했다.
JTBC 시사 교양 프로그램 〈썰전〉, 채널A 〈돌직구쇼〉 등에 출연했고 TBS 라디오 〈퇴근길 이철희입니다〉, SBS 라디오 〈이철희의 정치쇼〉, CBS 라디오 〈이철희의 주말 뉴스쇼〉를 진행하는 등 한동안 방송인으로 활동했다. 한국사회여론연구소(KSOI) 부소장, 민주연구원 부원장, 두문정치전략연구소장, 우석대 석좌교수 등을 지냈고, 현재 지식디자인연구소장, 서울대 사회발전연구소 객원연구원, 일곱번째나라LAB 이사로 활동하고 있다.
지은 책으로 《나쁜 권력은 어떻게 무너지는가》《정치가 내 삶을 바꿀 수 있을까?》《이철희의 정치 썰전》《뭐라도 합시다》《1인자를 만든 참모들》 등이 있고, 《민주주의의 정치적 기초》《진보는 어떻게 다수파가 되는가》 등을 우리말로 번역했다.

좋은 정치는 어떻게 만들어지는가

ⓒ 이철희, 2025

초판 1쇄 인쇄 2025년 10월 31일
초판 1쇄 발행 2025년 11월 13일

지은이 이철희
펴낸이 유강문
인문사회팀 최진우 김효진
마케팅 김한성 조재성 박신영 김애린 오민정

펴낸곳 ㈜한겨레엔 www.hanibook.co.kr
등록 2006년 1월 4일 제313-2006-00003호
주소 서울시 마포구 창전로 70(신수동) 화수목빌딩 5층
전화 02-6383-1602~3
팩스 02-6383-1610
대표메일 book@hanien.co.kr
ISBN 979-11-7213-331-3 03300

※ 책값은 뒤표지에 있습니다.
※ 파본은 구입하신 서점에서 바꾸어 드립니다.
※ 이 책의 일부 또는 전부를 재사용하려면 반드시 저작권자와 ㈜한겨레엔 양측의 동의를 얻어야 합니다.

| 감사의 말 |

'민주주의가 밥 먹여 준다는 사실을 증명해야 한다.'
이재명 대통령의 이 말은 정곡을 찌른다. 민주주의가 좋고 옳기 때문에 해야 한다는 말은 이제 소구력이 없다. 보통 사람들의 삶이 좋아지려면 민주주의가 필요하지만 그렇다고 해서 민주주의만 되면 보통 사람의 삶이 좋아지는 건 아니다. 보통 사람의 삶을 개선하지 못하는 민주주의, 다시 말해 정치가 무능할 때 극단주의가 판을 치게 된다. 우리 삶을 위해 민주주의가 필요한 것이지, 민주주의를 위해 우리 삶이 필요한 것이 아니다.

    10년도 채 안 된 기간에 두 번의 탄핵은 두 가지 상반된 사실을 말해 준다. 우리 민주주의의 회복성이 하나고, 불안정성이 다른 하나다. 두 번이나 위기에 처한 민주주의를 우리는 탄핵이라는 헌법적 절차를 통해 평화적으로 지켜 냈다. 세계가 주목하는 회복 탄력성이다. 한편 민주적 규범이나 제도가 어떠하길래 대통령이 파면될 정도의 잘못을 반복해서 저지르냐 하는 문제도 있다. 그만큼 우리 민주주의가 아직 제도적으로, 규범적으로 취약하다는 얘기다.

불법 계엄과 극우의 준동, 이들이 야기한 혼란과 고통의 기억이 선명한 지금은 모든 게 다 잘될 것처럼 보일 수 있다. 잔뜩 움츠러든 내란 세력이 우왕좌왕하는 탓에 더더욱 이제는 크게 걱정할 일이 없을 것처럼 느껴진다. 그러나 아니다. '밥 먹여 주는' 데에 실패하면 저들은 다시 일어날 것이다. 언제 그랬냐는 듯 큰소리치며 권력을 되찾으려 할 것이다. 이런 악몽 같은 그림이 다시 눈앞에 닥치지 않게 하려면 우리가 잘해야 한다. 오롯이 이재명 정부, 민주당 정권이 잘하느냐 못하느냐에 달려 있다.

2024년 3월부터 《한겨레》에 〈돌아보고 내다보고〉라는 제목으로 칼럼을 연재하기 시작했다. 우리 정치가 왜 이렇게 망가졌는지 돌아보고, 앞으로 어떻게 해야 하는지를 내다보려 했다. 당파적 관점을 떠나 좀 더 큰 흐름과 구조적 요인을 짚어 보려 했다. 그러던 차에 윤석열 대통령이 불법 계엄으로 친위 쿠데타를 일으켰다. 그 때문에 이미 송고했던 칼럼 원고를 부랴부랴 새로 써야 했던 기억이 새롭다. 서부지법 폭동에는 정말 가슴이 철렁했다. 칼럼을 2주 단위로 써야 하는 건 정말 고통스러웠으나 그 덕분에 세상 돌아가는 일에, 그 기저의 흐름과 배후 요인에 천착할 수 있었던 건 큰 행운이었다. 기회를 준 《한겨레》와 읽어 준 독자분들께 깊은 감사를 드린다.

총 30회, 1년 1개월 동안 썼던 칼럼들을 손봐서 책으로 엮었다. 프롤로그와 에필로그는 새로 썼다. 시의성이 있는 칼럼이다 보니 사건이나 행위들이 다 정리된 지금 시점에서 보면 어색하게 다가올 수도 있다. 칼럼마다 게재되었던 시점을 감안해서 읽어 주길 당부드린다.

편한 자리에서 자주 하는 말이 있다.
"이러다가 정치 때문에 나라 망하겠다."
진심이다. 한 나라는 정치 때문에 흥할 수도 있고 망할 수도 있다. 이재명 정부 들어 급속하게 많은 것이 정상화되고 있지만 우리 정치는 아직 갈 길이 멀다. 정치가 달라져서 대한민국이라는 말 그대로 보통 사람이 잘사는 큰 나라가 되면 좋겠다.

쑥스럽지만, 늘 곁을 지켜 준 아내에게 고마움을 전한다.

| 프롤로그 |

정권 교체 성공과
과반 득표 실패의 의미

12·3 계엄은 6·3 대선의 정권 교체로 끝났다. 윤석열이 대통령으로서 친위 쿠데타를 시도한 그날부터 조기 대선에서 이재명 후보가 승리하기까지의 6개월은 그야말로 격동의 세월이었다. 우리는 내란 극복의 1단계를 잘 마무리했다. 이제부터는 2단계다. 민주주의와 보통 사람의 삶을 복원해야 한다.

앞으로 가기 위해 백미러를 보듯이, 우리는 현실을 직시해야 한다. 무엇보다 대선 결과를 냉철하게 되짚어 봐야 한다. 2025년 6월 3일에 있었던 제21대 대선에서 주목해야 할 포인트는 세 가지다. 첫째, 이재명 후보는 왜 과반 득표에 실패했나? 둘째, 국민의힘은 왜 윤석열 전 대통령과 절연하지 못했나? 셋째, 6·3 대선이 이른바 '당파적 지지 구도의 재편partisan realignment'을 낳았나?

사실 제21대 대선은 성패가 뻔한 선거였다. 2024년 12월 3일에 있었던 비상계엄, 이 친위 쿠데타가 국회와 시민의 저항으로 실패한 순간부터 그 성패는 명약관화했다. 탄핵당한 정당에게 천연덕스럽게 표를 달라고 할 명분이 없었다. 게다가 탄핵 후 60일 이내에 조기 대선을 치러야 하는 시기적 제약으로 인해 기세를 회복하기도 쉽지 않았다. 견주어 볼 수 있는 전례인, 2017년 박근혜 대통령의 탄핵으로 치러진 조기 대선도 일방적인 게임으로 끝났다. 따라서 민주당의 이재명 후보의 승리는 디폴트default였다.

한국갤럽이 실시한 대선 후보 여론 조사를 보면 세 번의 모멘텀momentum이 눈에 띈다. 2024년 12월 3일 계엄 선포 2주 뒤의 조사에서 이재명 후보의 지지율이 8%p 상승한 것이 첫 번째다. 그때까지 30%를 넘기지 못하던 이재명 후보의 지지율이 계엄을 계기로 37%로 상승했다. 두 번째는 대법원의 파기 환송과 국민의힘에서 벌어진 후보 교체 파동이다. 5월 1일 대법원이 이재명 후보의 선거법 위반 사건을 유죄 취지로 파기 환송했다. 다음 날 한덕수 대통령 권한대행이 대선 출마를 위해 총리직에서 물러났다. 이후 후보 교체를 위한 당원 투표가 부결된 후 권영세 비상대책위원장이 사퇴하는 10일까지 국힘은 극심한 혼란을 겪었다. 이 과정을 거치면서 이재명 후보의 지지율이 13%p 급등했다. 4월 24일 조사에서 38%였던 지지율이 5월 15일 조사에서는 51%로 치솟았다.

    세 번째는 앞의 두 번과는 흐름이 달랐다. 앞의 두 번이 이재명 후보의 상승 모멘텀이었다면 세 번째 변곡점은 이재명 후보의 하강이었다. 윤석열의 국힘 탈당(5월 17일), 대선 후보 TV 토론회(5월 18일)를 거친 후인 5월 22일 조사에서 이재명 후보의 지지율은 45%였다. 이전 조사의 51%에 비하면 6%p 하락한 결과였다. TV 토론을 거치면서 이 후보의 절대 강세 흐름은 꺾였고 이 트렌드는 투표 전날까지 이어졌다. 실제 선거 결과도 크게 다르지 않았다.

    군대를 동원한 불법 계엄에 탄핵, 그리고 친윤 후보의 선택까지 대형 악재가 이어졌음에도 이재명 후보는 과반 득표에 실패했다. 후보 간의 득표율 비교가 아니라 '보수 대 진보'라는 진영 대결로 보면 또 다른 '깜놀' 팩트가 보인다. 이번 대선에서 범진보 진영(이재명+권영국)은 50.40%, 범보수 진영(김문수+이준석)은 49.49%를 얻었다. 2022년 대선에서는 보수 진영의 단일 후보였던 윤석열이 48.56%를, 범진보 진영(이재명+심상정)은 50.2%를 얻었다.

    정상적으로 치러진, 그것도 현직 대통령의 지지율이 45%에 달하는 시점에 치러진 2022년 대선보다 탄핵으로 치러진 2025년 대선에서 진보 대 보수의 격차가 오히려 좁혀졌다. 2022년의 정상 대선에서 진보 대 보수 진영의 득표율 격차는 1.64%p였는데, 2025년 탄핵 대선에서는 0.91%p로 줄어들었다. 2022년 대비 2025년의 진보 득표율은 겨우 0.2%p 상승하는 데 그쳤다. 왜 이런 결과가 나왔을까?

    우선 반反이재명 정서를 들 수 있다. 국힘이 계엄 직후부터 일관되게 외친 구호, 앞세운 명분은 '그래도 이재명은 안 된다'였다. 반이재명은 국힘이나 보수 진영이 간절하게 기댄, 귀신 쫓는 부적이었다. 부정선거론이나 혐중론 등을 제기하기도 했지만 '반명 정서'를 부추기는 보조 담론일 뿐이었다. 그들은 계엄의 합리화나 탄핵 반대의 명분도 이재명에게서 찾았다. '이재명이 의회 다수 의석을 통해 줄탄핵에 나서는 등 힘으로 밀어붙여 계엄을 할 수밖에 없었다.' 나아가 그들은 대선 승리의 마법도 이재명에게서 찾았다. '이재명이 대통령이 되면 나라 망한다.' 이런 공포 마케팅이 먹혀 반이재명 견제 심리가 표심으로 작용했을 수 있다.

    양극화 효과일 수도 있다. 정치적 반대 세력에 대해 옳고 그름을 떠나 무조건 싫다는 정서적 양극화와, 우리 편이 좋아서가 아니라 상대편이 싫어서 표를 찍는 부정적 당파성 때문이란 얘기다. 우리나라가 양극화 정도에 있어서만큼은 미국과 1·2위를 다투는 정도이니 충분히 수긍할 만한 설명이다. 지구상에서 가장 큰 민주주의 국가인 인도가 어떻게 무너졌는지를 분석한 책(《거대한 퇴보》)에서 작가 라훌 바티아Rahul Bhatia는 '그는 정당이 마치 스포츠팀이라도 되는 것처럼 당의 운명과 자신의 운명을 동일시'했다고 말한다. 지금 우리가 딱 이 꼴이다. 정당 지지를 운명으로 생각하는 양극 대치에 더해, 지지세를 갖춘 보수 성향의 제3 후보까지 있었기 때문에 애당초 과반을 얻기란 어려웠을 수도 있다.

반면 정서나 양극화가 아니라 캠페인의 실패로 볼 여지도 있다. 이재명 후보의 승리가 분명하고, 그의 지지율이 과반에 육박하거나 과반을 넘는 지지율이 나오는 조사들이 나오면서 이재명 캠프가 느슨해진 점이 없지 않았다. 후보가 너무 많은 이야기를 쏟아 내다 보니 심판 선거라는 기본 전선이 흐릿해졌다. 사법부에 대한 공격 등 분별없는 강경론이 득세하면서 심판 선거에 동조하는 보수·중도 유권자의 이탈을 낳았다. 강점을 드러내고 약점을 흐리는 것이 캠페인인데, 6·3 대선에서 민주당이 보여 준 캠페인은 산만하고 안이했다. 국힘이 못해도 너무 못했기 때문에 이 점이 크게 드러나지 않았던 게 그나마 행운이었다.

그렇다고 해서 '이변'이 일어날 가능성이 아주 없었던 건 아니다. 선거는 살아 있는 생물과 같다. 때문에 최종 결과가 나올 때까지는 그 과정 속에서 어떤 일이든 벌어질 수 있다. 그게 선거다. 2016년 미국 대선에서의 트럼프 당선이 좋은 예다. 하지만 선거에서의 이변도 '만들어지는' 것이지 우연히 '주어지는' 게 아니다. 계엄-탄핵으로 촉발된 선거에서 예상외의 결과가 만들어지기 위해서는 심판의 동력을 약화시키는 프레임 전환과 신선한 새 인물의 등장이 기본이다.

그런데 국힘은 반대로만 움직였다. 계엄 선포부터 선거일까지 유권자들로 하여금 압도적 응징의 의지를 불태우도록 시종일관 부추겼다. 내란 우두머리 윤석열을 끝까지 비호하고, 심지어 극우 세력과 그들이 휘두르는 폭력에 동조하는 모습까지 보였다. 조사 기관에 따라 수치가 조금씩 다르고 그 수치도 시기에 따라 약간의 등락은 있었지만 여론 구도를 부감하면 '계엄 반대, 탄핵 찬성'이 65% 정도를 유지했다. 따라서 국힘은 어떻게 해서든 선거가 계엄-탄핵에 대한 국민적 평결, 즉 심판 선거가 되지 않도록 만들었어야 했다. 누가 국힘의 후보가 되든 이른바 탄핵의 강을 건너지 않고서 승리하기란 낙타가 바늘구멍을 통과하는 것만큼 어려운 일이었다.

국민의힘은 왜 탈윤脫尹, 즉 국민적 지탄의 대상이 된 윤석열과 절연하지 못하고 되레 일체화에 나선 것일까? 크게 두 요인이 작용했을 것이다. 하나는, 국힘이 영남당이기 때문이다. 국힘의 대다수 국회의원은 영남 또는 서울 강남 출신이고, 통칭 '양남'이라 불리는 이들 지역은 어떤 천재지변에도 변함없이 국힘을 지지해 왔다. 이들 지역의 '닥치고 지지'를 뒷배 삼다 보니 전체 민심과는 동떨어진 행보를 보였다는 얘기다.

다른 하나는, 대선보다는 다음 총선을 의식했기 때문이다. 대선은 어차피 이기기 어려운 선거라고 판단했기에 국회의원들이 자신의 이해관계인 총선 공천을 위해 당 장악에 집착했다는 분석이다. 선거 결과는 그들의 예상대로였다. 국힘 텃밭 지역에서 김문수 후보는 상당히 선전했다. 국민의힘이나 그 당의 김문수 후보가 펼친 캠페인이나 프레임 전략이 지려고 작정했다고 해도 과언이 아닐 정도로 한심했음에도 불구하고 득표율은 예상보다 높았다. 탄핵 반대 여론이 35% 내외였던 점을 감안하면 김문수 후보의 득표율 41.15%는 놀라운 약진이었다. 여기에 이준석 후보의 득표율 8.34%를 더하면 무려 49.49%에 달한다. 이 정도면 충분히 다음을 노려볼 만하다.

선거에서 이재명 후보와 김문수 후보 간의 제법 큰 격차가 나긴 했지만 정당 지지의 재편이 일어나진 않았다. 다시 말해, 내란 세력을 심판하는 선거에서조차 보수와 진보 간의 힘의 균형은 유지됐다. 6·3 대선은 내란 세력을 심판하고 민주주의를 회복하는 국민적 힘을 보여 준 행복한 선거이자 상대에 대한 미움과 반대가 동력으로 작용하는 양극의 팬덤 정치가 굳건하게 자리 잡고 있음을 보여 주는 암울한 선거였다.

차례

004 　감사의 말
008 　**프롤로그**: 정권 교체 성공과 과반 득표 실패의 의미

1부　비상계엄과 탄핵 그리고 조기 대선으로의 여정

021 　불가피한 탄핵, 틈을 노리는 정치 검찰
029 　트럼프식 부활 꿈꾸는 윤석열의 극우 정치
037 　유신적 비상 대권과 공공의 적
045 　쿠데타라는 걸 인정하지 않으면, 쿠데타는 성공한다
053 　대한민국을 망치는 극우 카르텔의 실체
061 　트럼프는 이겼지만 윤석열은 질 것이다
069 　극우 카르텔을 지탱하는 지위 위협 프레임
077 　개헌은 못난 정치의 해법이 아니다
085 　민주주의 퇴행을 단죄할 최고의 무기는 '종이 짱돌'
093 　이재명 정부의 필승 전략은 내려놓기와 나누기

2부　윤석열 정부와 검찰 공화국은 어떻게 몰락했는가

103 　민주주의자가 아니거나 민주주의를 모르거나
110 　역대 이런 대통령도, 이런 영부인도 없었다

118	미국의 공동 대통령이었던 퍼스트레이디들
125	제왕적 대통령을 제어할 비토 플레이어, 여당
132	한국 정치사에서 총리는 계륵인가, 보배인가
140	제왕적 대통령을 견제할 국정 조정자, 국무총리
148	검찰, 수사 포퓰리즘으로 개혁에 맞서다
156	검찰에 의지해 싸웠던 여야가 모두 패한 이유
164	검찰과 보수 정당의 밀착을 야기한 어설픈 검찰 개혁

3부 | 팬덤·극단주의에 사로잡힌 한국 정치의 오늘

175	미국은 어쩌다 죽일 듯 싸우는 정치에 포획됐을까
183	'지못미' 노통과 박통, 정치 양극화의 시작
190	보수 우위 구도가 깨지자 경쟁이 거칠어졌다
197	심판론에도 작동한 '저쪽이 싫어서 투표하는 민주주의'
204	애착 넘어 혐오로 나아가는 정치 팬덤의 정체
211	박정희 향수와 박근혜 팬덤, 노무현 애수와 문재인 팬덤
218	팬덤 정치가 우리 사회를 잡아먹고 있다
226	수구로 역주행한 보수 정당, 검찰 파트너로 전락하다
233	싸가지와 힘자랑은 진보의 가치도, 수단도 아니다
241	보통 사람들의 마음을 얻는 것이 좋은 정치
249	성공한 대통령이 되려면 탄핵 결정문을 보라

257	**에필로그:** 이재명 정부와 보통 사람들을 위한 정치

1부

비상계엄과 탄핵 그리고 조기 대선으로의 여정

불가피한 탄핵,
틈을 노리는 정치 검찰

 짐작하건대, 자기가 뭘 잘못했는지를 알아서 그런 것이리라. 2024년 12월 3일, 속담 그대로 미친놈 허접 대듯 계엄령을 선포하며 반국가 세력을 척결하겠다고 했으나 6시간도 안돼 꼬리를 말아야 했다. 왕정 시대 국왕도 잘못하면 방벌되고, 반정의 대상이 되곤 했다. 하물며 임기 5년의 대통령이 한 번도 본 적 없는 '패악질'을 부리는데 어느 국민이 용납할까. 헛된 짓을 했다. 그런데 검찰 등 사정 권력만으로 안 되니 군사력까지 동원해 제2의 5·18 항쟁도 불사하겠다는 살의마저 느껴져 모골이 송연해진다.
 윤석열 대통령은 기실 국민으로부터 심리적 탄핵을 당한 지 오래다. 저잣거리에선 대부분 윤석열이란 이름 뒤에

'대통령'이란 직명을 붙이지 않는다. 그냥 윤석열이고 그냥 김건희다. 심지어 그를 경호하는 경찰조차도 서슴없이 이름을 부른다고 한다. 사실이 아닐 수도 있지만 그만큼 그에 대한 거부 정서가 넓고 깊다. 국민은 이미 윤석열을 마음으로 탄핵했다.

힘으로 막고 있으나 시나브로 실체를 드러내고 있는 온갖 의혹들을 보고 있자면 박근혜 전 대통령이 오히려 '나는 왜 탄핵당한 거야?'라고 되물을 정도다. 솔직히 박 전 대통령이 충분히 억울해할 정도로 윤 대통령의 잘못은 크고 풍성하다. 우리 국민이 이런 사정을 몰라서 그때처럼 촛불 들고 광장으로 나서지 않는 건 아니다. 채 10년도 안돼 또 탄핵했을 때 감당해야 할 부수적 효과가 부담스럽기 때문이다. 그래서 참고, 그래서 번민하고 있던 참이었다.

이런 와중에 윤 대통령이 아닌 밤중에 홍두깨처럼 느닷없이 계엄을 선포하고, 헌정을 우격다짐으로 중단시키려 했으니 '탄핵 모멘트 impeachment moment'를 피하기 어렵게 됐다. 이제 국민이 더는 참지 않을 것이다. 하루라도 빨리 그 직에서 쫓아내는 것이 불가피하다고 판단할 수밖에 없다. 계엄 사유도 안 되는 걸 내세우는 억지에다 극우 유튜버 수준의 저질 언어, 게다가 법적 절차도 온전히 지키지 않고 계엄령을 발동했으니 그 자체로 헌법 위반이다. 딱 떨어지는 탄핵 사유다.

스스로 불러온 재앙, 탄핵

불법 계엄 이전까지 탄핵을 저어했던 이유는 크게 두 가지다. 지난 박근혜 탄핵을 경험하면서 얻은 학습 효과가 그 하나다. 당시 일부 여당 의원들이 동의함으로써 탄핵이 가능했는데, 그들은 후에 배신자로 몰려 온갖 고초를 겪어야 했다. 탄핵 뒤 여당은 당연히 대선에서 패배했다. 때문에 국민의힘은 지금까지 완강하게 버텨 왔다. 옳고 그름을 떠나 탄핵으로 잃는 게 너무 많다면 누구라도 주저하는 건 인지상정이다.

그럼에도 국힘의 태도는 매우 아쉬웠다. 탄핵을 저지하는 의회 의석을 방패로 가지고 있는 여당이 대통령을 올바르게 계도하고 가드레일을 쳐 줬다면 대통령이 그렇게 멋대로 하진 못했을 것이다. 다수의 여당 의원이 친윤이란 이름 하에 권력을 즐기느라 졸개 노릇에 만족했기 때문에 윤 대통령이 제멋대로 할 수 있었다. 한동훈 대표와 몇몇이 이에 저항하는 시도가 있었으나 애당초 결기가 약했고 리더십도 부족했다. 그들이 더 담대한 용기를 냈다면 갈등의 노이즈가 더 커졌겠지만 대통령의 폭주를 제어할 순 있었을 것이다.

검찰 개입에 대한 우려가 다른 하나다. 지난 박근혜 탄핵 때를 돌아보면 검찰의 기민한 변신이 눈에 띈다. 검찰이 어느 날 특별수사본부를 꾸리고 현직 대통령에 대한 대대적인 수사에 나섰다. 그 수사가 특검의 수사로 이어져 형사 범죄가 밝혀졌고, 그 결과 박근혜 대통령과 그 주변의 주요 인사들이 줄줄이 사법 처리됐다. 검찰의 수사가 탄핵을 성공하게 만든 요인인 건 분명하지만 그로 인해 검찰의 힘이 너무 커졌다.

검찰은 늘 위기 때마다 국민적 관심을 끄는 수사, 수사 포퓰리즘으로 극복해 왔다. 노무현 정부의 검찰 개혁 시도를 불법 대선 자금 수사로 막아 냈다. 그 수사로 정치권은 초토화되다시피 했고, 대기업들도 검찰에 무릎을 꿇었다. 검찰은 박근혜 탄핵 국면에서 다시 그 노하우를 발휘했다. 십상시 문건 처리 등 정권의 방패로 역할하던 검찰이 탄핵 국면에 정의의 사도로 표변해 박수를 받았고, 그걸로 검찰 개혁의 칼끝을 무디게 만들었다.

하지만 탄핵은 형사 처벌이 아니다. 탄핵으로 형사 처벌이 면제되지 않지만 그렇다고 해서 형사 범죄가 있어야만 탄핵되는 것도 아니다. 현행 탄핵 제도의 기원이라 할 수 있는 미국 헌법도 그렇다. 탄핵소추권을 가진 미국 하원의 안내서에 따르면, 탄핵은 처벌 수단이 아니라 교정 수단이다. 탄핵은 처음부터 끝까지 정치적 절차이자 과정이다.(이철희, 《나쁜 권력은 어떻게 무너지는가》)

검찰이 개입하면 대통령을 비롯해 많은 공직자나 정치인들이 사법 처리의 대상이 된다. 진영 또는 세력을 이끄는 엘리트 중 상당수가 강제로 퇴출되고 영어의 몸이 되면 그로 인한 인적 공백뿐 아니라 당원과 지지자들에게 상당한 트라우마를 안긴다. 감정적 앙금이 생길 수밖에 없고, 이 원한rancor이 정서적 양극화를 추동하게 된다. 자칫 정치 보복의 제도화로 이어질 수도 있다.

윤 대통령의 불법 계엄 시도는 검찰의 개입 없이 그를 탄핵할 수 있는 좋은 기회를 제공한다. 누가 봐도 윤 대통령이 일종의 '친위 쿠데타'를 도발한 것이기에 그가 왜 그 자리에 계속 머물러 있으면 안 되는지 분명해졌다. 형사 범죄도 드러나지 않았는데 무슨 탄핵이냐며 반발하던 일부의 저항도 어렵게 됐다. 대통령이 군사력을 동원해 헌정을 뒤집어엎고 민주주의를 전복하려 했으니 누가 무슨 명분으로 반대하랴.

종말이 아닌, 국가적 혁신의 기회

이제 탄핵을 피하긴 어렵다. 탄핵을 면하려면 스스로 물러나는 길밖에 없다. 자진 사퇴가 어쩌면 비용을 적게 들이는 방법일 수 있다. 시간을 절약하고, 이런저런 난맥과 다툼의 표출을 막을 수 있다. 가장 깔끔하긴 하나 윤 대통령이 받아들일지 의문이다. 지금까지 해 온 걸로 봐서는 버틸 것이 확실해 보인다. 어쩌면 제2의 계엄을 획책할 수도 있다. 자발적 퇴진은 어렵기에 여당이 이를 설득해야 한다.

윤 대통령이 얼마 전 기자 회견 때 미국에서도 탄핵이 성공한 예가 없다고 말했다. 맞다. 하원에서 탄핵이 소추된 예는 있으나 상원에서 가결된 예는 없다. 그런데 실제 탄핵과 다름없는 사례가 바로 1974년 리처드 닉슨 대통령의 사퇴다. 공화당 의원들이 백악관을 찾아 이대로 가면 탄핵안이 가결될 수밖에 없다는 협박성 설득에 굴복해 하야를 선택했다. 국민의힘이 이 사례를 벤치마킹할 수 있으나 현재 그 당의 분위기로는 이 또한 무망해 보인다.

여야가 합의로 또는 여당의 일부가 야권과 손을 잡고 탄핵에 나설 수도 있다.[1] 박근혜 모델이다. 이 경우 다시 배신자 프레임이 제기될 수 있으나 그때와 지금은 다르다. 온 국민이 밤잠을 설친 채 군의 국회 진입을 지켜보며 국회를 응원했고, 몸을 던져 민주주의를 지켜 냈다. 지금 누가 배신 운운할 수 있으랴. 그 배신을 입에 담는 사람이 국민과 민주주의의 배신자로 낙인찍히기 십상이다.[2]

탄핵을 하더라도 지혜가 필요하다. 불필요하게 비싼 대가를 치르지 않도록 정치권이 주의하고 절제해야 한다. 특히 검찰의 개입을 차단해야 한다. 정치 검찰은 언제든지 총구의 방향을 바꿀 수 있다. 검찰이 끼어들 틈을 주지 않아야 한다. 정치적 대타협도 필요하다. 탄핵 절차와 탄핵 일정 그리고 무엇보다 개헌 등 정치 개혁에 대한 합의가 중요하다.

---

[1] 2024년 12월 14일 있었던 국회 탄핵 표결에서 여당인 국민의힘 의원 12명이 탄핵에 찬성했다.
[2] 예상과 달리, 국민의힘은 탄핵에 찬성한 의원들과 한동훈 전대표에 대해 배신자 프레임을 씌웠다.

한쪽이 수적 우위로 서둘러 밀어붙이면 탄핵의 성공도 성공이지만 탄핵이 묵은 과제 해결을 위한 발전적 승화가 아니라 대선 경쟁의 차원으로 변질되고 왜곡된다. 야당은 탄핵을 밀어붙이되 여당에도 운신의 폭을 열어 줘야 한다.

기왕에 이렇게 된 거 우리 정치를 바꾸고, 대한민국이 제2의 도약을 위해 정비renewal하는 계기로 삼아야 한다. 누가 이기고 누가 지는 제로섬zero-sum이 아니라 온 국민이 승리하고, 국가적 혁신의 호기로 활용해야 한다. 탄핵보다 더 중요한 과제가 바로 이것이다.

_2024년 12월 6일

트럼프식 부활 꿈꾸는 윤석열의 극우 정치

한숨 돌리긴 했으나 조짐이 안 좋다. 계엄으로 인한 내란 위기를 탄핵으로 일단 수습하기는 했으나 아직 갈 길이 멀어 보인다. 윤석열 대통령의 대응과 국민의힘이 보여 주는 결사 항전의 정치 행태 때문이다. 2024년 미국 대선에서 해리스의 러닝메이트로 출마한 팀 월즈Timothy James Walz 미네소타 주지사가 써서 유명해진 표현 그대로 기괴하다weird. 헌법재판소에서의 탄핵 인용 뒤 머리를 숙였던 박근혜 대통령과 달리 윤 대통령은 고개를 뻣뻣이 쳐들고 "끝까지 싸우겠다"며 결사 항전을 외치고 있다. '전사 윤석열'의 롤모델은 트럼프고, 플레이북은 트럼프 베끼기다.

2020년 트럼프는 대선 패배를 인정하지 않기 위해 수단과 방법을 가리지 않았다. 그 와중에 백악관 안보보좌관을 지낸 마이클 플린Michael Thomas Flynn이 우파 언론《뉴스맥스》와 인터뷰에서 "계엄령 선포하고 트럼프가 패배한 것으로 나타난 4개 경합주swing state에서 선거를 새로 치르자"고 제안했다. 트럼프도 이 아이디어를 놓고 참모들과 깊이 검토해봤으나 결국 접었다. 대신 실행한 안이 지지자들을 동원해 의회의 대선 결과 승인을 저지하는, 즉 의회 폭동이었다.

윤 대통령도 선거 결과를 부정했다. 계엄령 선포와 함께 중앙선거관리위원회에 군인을 보낸 이유에는 부정 선거에 대한 맹신이 있었다. 그는 지난 제22대 총선에서의 대패를 받아들이지 않았다. 선관위 서버를 확인하면 부정 선거의 실체를 확인할 수 있을 것으로 믿었다. 윤 대통령과 트럼프 모두 잘못된 믿음을 가졌지만 둘의 대응은 달랐다. 윤 대통령은 감히 트럼프도 포기한 계엄령을 선택했다. 그 정도로 윤 대통령의 정치 지능은 저열했다.

윤 대통령은
트럼프를 부러워했을까

윤 대통령과 트럼프는 닮은 점이 참 많다. 그들은 집권 기반이 취약한데도 전혀 개의치 않았다. 2016년 대선 때 트럼프는 비록 선거인단 확보에서 이겨 승리했지만 일반 투표에서는 졌다. 그럼에도 그는 초당적 협력을 시도조차 하지 않았다. 시종일관 야당인 민주당을 공격하고 조롱하고 비난했다. 심지어 같은 당 소속 의원들조차 자신을 따르지 않으면 거침없이 조롱하고 공격했다. 윤 대통령도 그랬다. 24만여 표 차이의 근소한 승리에다 여소야대의 상황에도 불구하고 협치는 고사하고 야당 대표를 아예 만나지도 않았다. 여당의 대표는 잇따라 쫓아냈다.

《뉴욕타임스》 기자 매기 헤이버먼Maggie Haberman의 지적대로 트럼프는 통치보다 권력과 추앙praise을 갈망했다. 윤 대통령도 그랬다. 트럼프 대통령은 재임 기간 이렇다 할 성과도 내지 못했다. 선거 운동 기간 동안 공언한 것과는 달리 버락 오바마 전 대통령의 건강 보험 업적인 오바마케어를 폐지하지 못했다. 또 핵심 공약으로 내세웠던 멕시코 국경 장벽 설치도 원래 계획대로 되지 못했다.(김유진·강인선, 〈트럼프의 공화당 장악)) 코로나19 대응도 부실하기 짝이 없었다. 선거에서도 성적이 엉망이었다. 취임 2년 뒤 치른 중간 선거에서 졌다. 본인 재선도 실패했다.

윤 대통령도 이렇다 할 업적이 없다. 막무가내로 밀어붙인 의대 증원은 국민 건강을 위협하는 등 혼란만 낳고 있다. 민생 경제는 그야말로 바닥이다. 그럼에도 긴축 재정으로 사회경제적 약자들의 피폐화된 삶을 방치했다. 공정과 상식을 표방했으나 윤석열이란 이름 석 자는 불공정과 몰상식의 동의어가 됐다. 자신의 부인에게 닥친 사법 리스크를 방어하느라 대통령 권력을 사유화했다. 집권 2년 뒤 치러진 총선에서 그는 처참하게 심판당했다.

트럼프는 대통령으로선 처음으로 두 번이나 탄핵 소추당했다. 비록 상원에서 다 기각되긴 했지만 4년 재임 중 두 차례나 탄핵 위기에 직면할 정도로 나쁜 대통령이었다. 영국의 주간지 《이코노미스트》가 2024년 올해의 단어로 선정한 '카키스토크라시kakistocracy(가장 저열한 인물에 의한 통치)'의 전범이다. 퇴임 뒤에는 91개 범죄 혐의로 기소되거나 재판을 받아야 했다. 특히 성 추문 입막음 사건의 34개 중범죄 혐의에 대해서는 유죄 평결까지 받았다. 그럼에도 굳건히 살아남아 공화당의 후보직을 가볍게 따냈고, 본선에선 박빙

승부라는 예측을 비웃으며 완벽하게 승리했다.

이런 트럼프가 얼마나 부러웠을까. 사법 리스크에 탄핵마저 닥쳐도 변함없는 '내 멋대로'의 권위주의 리더십, 낙제 수준의 성적표, 본인의 저열함에다 능력이 떨어지는 C급 측근이나 철 지난 인사들을 중용하는 정실 인사까지, 윤 대통령이 생각하기에 자기와 닮아도 너무 닮은 트럼프의 재기 드라마는 그에게 감동과 용기를 주기에 충분했다. 트럼프처럼 윤 대통령 자신도 화려하게 부활할 수 있다고 마인드 컨트롤하고 있을 게다.

윤석열은 반전에 성공할 것인가

지금부터 윤 대통령이 보여 줄 모습은 크게 두 가지다. 하나는, 트럼프의 마가MAGA, Make America Great Again 운동을 벤치마킹해 예컨대 본인이 입에 달고 사는 자유 민주주의 회복을 표방하는 식의 시민 정치 운동을 주창·전개하는 것이다. 헌법재판소의 탄핵 심판 과정에서 법률적으로 대응하는 한편, 어쩌면 윤 대통령이 극우 집회에 참석해 이념적 깃발을 높이 들고 진영 대결을 부추기는 행위를 보게 될 수도 있다. 반격은 이미 시작됐다. 빌 클린턴 대통령 탄핵 국면에서 부인 힐러리가 탄핵을 우익의 거대한 음모라고 했듯이 자신에 대한 탄핵을 음모론으로 역공하고, "광란의 칼춤" 운운하며 당파적 대결의 프레임을 작동시키려 한다.

그런데 MAGA 운동은 백인 인종주의와 경제적 고통으로 인해 저학력 노동자들이 민주당에 갖게 된 배신감이 주된 동력이다. 윤 대통령이 어떤 이념이나 가치를 운동의 명분으로 내세우더라도 그에겐 이를 뒷받침할 사회경제적 기반이 없다. 양 진영 간의 정서적 양극화, 더 좁게는 태극기 부대의 감성적 지지만 있을 뿐이다. 따라서 어떤 근사한 이름을 붙이든, 어떤 황당한 논리로 적개심을 부추기든 그가 동원할 수 있는 세력은 미미할 따름이다.

다른 하나는, 국민의힘과의 굳건한 동맹이다. 트럼프가 공화당을 '트럼프화'했듯이 윤 대통령이 국힘을 온전히 '윤석열화'하긴 무리다. 하지만 정당의 전폭적 지원 없이 법정과 길거리에서만 싸우는 건 역부족이기에 단단한 공조가 꼭 필요한데, 이는 충분히 가능한 일이기도 하다. 트럼프 대통령은 2021년 1월 반란 선동 사유로 탄핵됐다. 하원에서 232 대 197로 가결될 때 공화당 의원 10명이 찬성에 동참했다. 전직 대통령 트럼프는 이들 '탄핵 10인'을 2022년 중간 선거에서 대부분 퇴출시켰다. 10명 중 4명은 트럼프 진영에 의한 압박 때문에 불출마했고, 출마한 나머지 6명 중 4명은 트럼프가 공개 지지한 경쟁자들에게 패했다.

반대자에 대한 축출은 트럼프 재임 중에도 있었다. 2020년 선거를 앞두고 공화당 소속 연방 하원의원 41명이 불출마를 선언했다. 전례 없이 많은 수였다. 그 압박이 얼마나 심했던지 2020년 대선 결과에 대한 불복 소송에 공화당 하원의원 126명과 상원의원 7명이 지지를 표명했다. 2021년 1월 6일의 대선 결과 인증 투표에서도 하원의원 138명과 상원의원 8명이 바이든 승리에 대한 인준을 반대했다. 이 투표 직전 트럼프 지지자들이 의사당에 몰려와 폭력을 행사해 생명의 위협을 직접 겪어야 했으면서도 그들은 트럼프를 따랐다.

불법 계엄으로 인한 위협과 혼란을 생방송으로 지켜보고서도 계엄 철회 표결에 참여해 동의한 국민의힘 의원들은 고작 18명이었다. 군 장성들의 잇따른 고백으로 비상계엄의 무도함과 불법성이 확인됨에도 탄핵에 찬성한 국힘 의원은 12명에 불과했다. 미국 공화당 의원들이 보여 준 행태와 다르지 않다. 우리나라와 미국의 보수 정당은 헌법 수호보다 당파적 이익과 공범 의식으로 뭉쳤다. 이제 국민의힘은 이들 탄핵 12인을 솎아 내고 '반反이재명'을 명분으로 윤 대통령과 단일대오를 형성할 것이다.

　윤 대통령은 생존을 위해, 국민의힘은 다음 총선을 위해 손잡고 극적인 반전과 부활을 열심히 도모하고 있다. 그래서 이재명 대표에 대한 비호감 정서에 기대고, 공포 마케팅으로 이를 열심히 부추긴다. 2024년 12월 10~12일에 실시된 한국갤럽의 지지율 조사에서 윤 대통령은 11%, 국민의힘은 24%에 불과했다. 이런 여론 구도에서 이들의 전략이 과연 성공할 수 있을까?

_2024년 12월 20일

유신적 비상 대권과
공공의 적

셀프 탄핵self impeachment! 스스로 자초한 것이나 다름없는 탄핵으로 윤석열 대통령은 권한 행사를 정지당했다. 대통령의 권한은 국무총리가 잠시 대행하다 그도 뒤이어 탄핵됨에 따라 지금은 경제부총리의 몫이 됐다. 이 권한대행이 헌법상 할 수 있는 일과 할 수 없는 일을 두고 정치적 공방이 거세다. 그런데 굳이 권한대행에 한정하지 않더라도 정당성의 근간인 헌법은 언제나 치열한 해석 투쟁의 대상이다.

> 헌법은 정치 세력 간 타협의 산물이다. 따라서 태생적으로 미래의 정치 질서를 대상으로 하기에 그 개념이 추상적일 수밖에 없어 '개방적'이고, 사회 구성원이 대

화와 타협을 통해 구체화하기 때문에 역동적이고 형성적이라는 의미에서 '정치적'이다. _박한철, 《헌법의 자리》, 김영사, 2022년.

헌법은 여러 정치 세력 간에 공존을 위한 정치 투쟁과 타협의 과정을 거쳐 성립되기 때문에 다른 어떤 법규범보다 정치성이 짙다. _정종섭, 《대한민국 헌법 이야기》, 나남출판, 2013년.

이 개방성과 정치성 때문에 정치 세력이 해석을 둘러싸고 갈등을 벌이는 건 충분히 그럴 만하고, 해석을 둘러싼 헌법 정치는 역사상 중요한 정치 발전의 동력이 되기도 했다.

윤석열의 자기 중심적 헌법 해석

정치학자 조반니 사르토리Giovanni Sartori는 미국의 민주주의가 헌법 '때문'이 아니라 헌법에도 '불구하고' 작동하고 있다고 설파한 적이 있다. 민주주의 연구에 평생을 바친 로버트 달도 미국 헌법이 미국 정치를 해치는 중대한 제약이 되고 있다고 지적했다. 따라서 헌법은 그 시대와 사회적 요구에 맞게 끊임없이 재해석되고 현실 개선의 계기로 활용되어야 한다. 따라서 이해관계 차원이든 이념의 차원이든, 정치 세력들이 서로 다른 해석을 제시하며 경합하고 쟁론하는 것 자체가 민주주의의 과정이다.

그런데 그 해석도 한계가 있다. 해석이 불필요한 조항도 있고, 해석의 대상이 되더라도 그 문언text과 취지나 함의에 맞게 해야 한다. 근거 없이 자신에게 유리하게만 해석하는 것은 해석이 아니라 왜곡 또는 창작이다. 탄핵 국면에서 우리가 보고 있는 모습이다. 국민의힘이 보여 주는 헌법 정치는 곤혹스러운 처지를 감안하더라도 지나치게 무도하다. 마치 헌법 해석에 대한 독점권을 가진 듯 거침이 없다.

윤 대통령은 계엄 선포권이 대통령의 고유 권한이라고 주장한다. 고도의 통치 행위이기 때문에 사법 심사의 대상이 될 수 없다고 강변한다. 대통령이 자신에게 주어진 자유 재량의 권한을 쓴 건데 웬 시비냐는 거다. 하지만 헌법 안이든 밖이든 대통령이 마음대로 할 수 있는 권한은 어디에도 없다. 특히 헌법에선 권한을 행사할 합당한 요건과 법률에 따라야 한다는 제약을 두고 있다. 헌법 77조는 계엄의 요건을 분명하게 적시하고 있다. 이 요건을 충족하지 못하면 헌법 위반이다. 고유 권한이나 통치 행위 운운은 구차하고 비겁한 '데꿀멍('데굴데굴 꿀꿀 멍멍'의 줄임말로, 상대의 용서를 바라며 애원함을 뜻하는 은어)'일 뿐이다.

윤 대통령이 지난달 3일에 발동한 비상계엄은 헌법에 정한 "전시, 사변 또는 이에 준하는 국가 비상사태"라는 요건을 충족하지 못한다. 윤 대통령이 언급한 야당의 입법 독재나 탄핵 남발이 '이에 준하는 국가 비상사태'에 해당된다는 해석은 얼토당토않은 궤변이다. 야당의 입법과 탄핵이 정치적으로 오·남용이라는 비판을 받을 순 있다. 실제로 그런 여론도 있다. 그러나 헌법에 정해진 권한을 합법적으로 행사했는데 이를 두고 전시나 사변에 준하는 국가 비상사태라고 선동하는 건 시쳇말로 딱 '견초식음犬草食飮('개 풀 뜯어먹는 소리'라는 뜻의 은어)'이다.

국회 추천의 헌법재판관 임명을 두고 첨예한 갈등이 있다. 국민의힘은 헌법재판관 임명이 대통령 권한대행의 권한에서 벗어난다고 주장한다. 헌법 111조에 따르면 헌법재판관 중 3명은 국회에서 '선출'한 자를 대통령이 '임명'한다고 되어 있다. 대통령과 대법원장 추천 몫이 따로 정해져 있기 때문에 국회가 본회의 표결로 국회 몫 3명의 선출 절차를 완료하면 대통령은 마땅히 임명해야 한다. 대통령이 가진 임명 선택의 권한은 헌법재판관 9명 중 자신의 몫 3명만이다. 이 또한 해석의 여지가 없다.

민주주의를 전복한 진짜 괴물은 누구?

대한민국은 민주공화국이다. 헌법 1조 1항이다. 민주공화국은 대통령 개인의 전횡이나 전제적 권력을 허용하지 않는다. 공화정은 왕정과 달리 1인이나 소수가 마음대로 할 수 없는, 견제와 균형의 체제를 말한다. 윤 대통령이 말하는 헌법은 유신헌법이다. 그 헌법에서나 "국민의 자유와 권리를 잠정적으로 정지하는" 긴급조치권(53조), 국회해산권(59조) 등 대통령에게 비상 대권이 허용됐다. 계엄이 사법 심사의 대상이 되지 않는다는 윤 대통령의 주장도 유신헌법에서 근거를 찾을 수 있다. "긴급 조치는 사법적 심사의 대상이 되지 아니한다." 유신헌법 53조 4항이다.

"총선 직전인 2020년 3월 19일, 윤석열 검찰총장이 대검 간부들과의 식사 자리에서 '육사 갔으면 쿠데타를 했을 것이다. 쿠데타는 김종필처럼 중령이 하는 것인데, 검찰에는 부장검사에 해당한다. 나는 부장 시절로 돌아갔으면 좋겠다'고 발언했다." 한동수 전 대검 감찰부장의 이 증언, 윤 대통령의 헌법관이 분명하게 말해 주는 팩트는 명확하다. 윤석열은 민주주의자가 아니다!

윤 대통령이 이번 계엄을 준비하면서 경제부총리에게 문서로 전한 지시 사항에 "국회 운영비를 끊고 비상계엄 입법부 예산을 짜라"는 항목이 눈길을 끈다. 이 대목과 선관위에 군을 보내 부정 선거 의혹을 조사하려던 사실을 묶어서 보면 윤 대통령은 부정 선거를 이유로 국회를 해산하려 했다. 대신 5·16 쿠데타 이후의 국가재건최고회의나 12·12 쿠데타 후의 국보위 입법회의 같은 무소불위의 입법 대행 기구를 만들려고 한 것으로 보인다. 결국 헌정을 중단시키고 제2의 유신을 시도한 셈이다. 이 계엄·내란이 성공했다면 그가 과연 5년 임기만 채우고 물러나려 했을까?

"모든 권력은 국민으로부터 나온다." 헌법 1조 2항이다. 이는 대통령이라도 민의에 따라야 한다는 정언 명령이다. 우리 헌법에 따르면 민의는 국민의 직접 투표에 의해 정해진다. 직접 투표에 의해 구성되는 대의 기관은 국회와 대통령이다. 두 기관이 각기 정통성을 갖기 때문에 흔히 이중적 정통성dual legitimacy이라 부른다. 그러므로 국회와 대통령은 서로를 존중해야지 부정해서는 안 된다. 대의제, 3권 분립을 채택한 우리 헌법의 기본 정신이다.

입법 독재 레토릭rhetoric은 망상이다. 헌법은 의사 결정의 정족수를 정해 놓고 있다. 주로 과반 다수결로 하되 예외적으로 3분의 2를 정해 두고 있다. 예컨대, 국회가 다수결로 통과시킨 법안에 대해 대통령이 재의요구권(거부권)을 행사한 경우 이를 다시 뒤집으려면 3분의 2의 동의가 필요하다. 대통령 탄핵도 그렇다. 다수결은 다수의 구성에 여러 정당이 참여해야 한다는 조건을 요구하지 않는다. 1당에 의하든 여러 정당에 의하든 동의하는 의원 수가 과반의 다수를 이루면 족하다. 물론 민주당과 여타 야당들이 여당의 강한 반대에도 번번이 다수결로 법안을 통과시킬 경우 이를 두고 폭거나 전횡이라고 정치적으로 비판할 순 있다. 과거 국민의힘 계열 정당이 여당이던 시절 다수 의석으로 밀어붙일 때 야당들이 이렇게 비판했다. 그러나 그렇다고 해서 이게 헌정 질서를 짓밟고 내란을 획책하는 반국가 행위일 순 없다. 게다가 대통령에겐 거부권이 주어져 있고 이를 마음껏 휘두르지 않았나.

윤 대통령이나 국민의힘의 논리대로 소수당, 특히 소

수 의석을 가진 한 정당이 반대할 경우 아무 결정도 할 수 없다면 그건 역으로 소수의 지배나 다름 아니다. 미국의 정치학자인 스티븐 레비츠키Steven Robert Levitsky와 대니얼 지블랫Daniel Ziblatt이 소수가 다수를 지배하는 미국 정치의 폐해를 다룬 책의 제목을 《어떻게 극단적 소수가 다수를 지배하는가Tyranny of the Minority》로 정한 이유다. 다수의 동의에도 소수의 반대 때문에 교착에 빠진다면 이는 다수가 힘으로 소수의 반대를 짓밟는 것만큼, 아니 그보다 더 큰 문제다.

윤 대통령이 말한 "국가의 사법·행정 시스템을 마비시키고, 자유 민주주의 체제의 전복을 기도하는 괴물"은 다름 아닌 바로 그 자신, 윤석열 본인이다. 자업자득, 모두 본인의 잘못이다. 누굴 탓하랴.

_2025년 1월 2일

쿠데타라는 걸 인정하지 않으면, 쿠데타는 성공한다

역사에 등장한 미친 권력자 중에 로마의 칼리굴라 황제는 아마 둘째가라면 서러워할 정도로 비정상이었다. 말horse을 집정관으로 임명하려 했으니까. 그 칼리굴라가 요즘 미국에서 심심찮게 회자하고 있으니까. 로마 제국 최고의 스타 율리우스 카이사르도 소환되고 있다.

공화당의 재선 하원의원 안나 폴리나 루나Anna Paulina Luna가 2025년 1월 튀는 법안을 냈다. 미국 역대 대통령 중에서 훌륭한 업적을 남긴 4명의 대통령 얼굴을 암벽에 조각해 놓은 국가 기념물이 사우스다코타주 러시모어산에 있다. 조지 워싱턴, 토머스 제퍼슨, 시어도어 루스벨트, 에이브러햄 링컨이 그들이다. 여기에 도널드 트럼프의 얼굴도 조각해 넣자는 아이디어다.

2월에는 같은 당의 4선 하원의원 클로디아 테니Claudia Tenney가 트럼프 추앙 대열에 합류해 트럼프 대통령의 생일을 연방 공휴일로 지정하자는 법안을 냈다. 트럼프가 미국의 황금 시대를 열고 있으므로 초대 대통령 워싱턴의 탄생일을 법정 공휴일로 정한 선례를 따르자는 게 이유다. 재선의 공화당 하원의원 앤디 오글스Andy Ogles는 트럼프가 3선에 도전할 수 있도록 아예 헌법 개정을 주장한다.

트럼프 지지자들이 결성한 '3선 프로젝트'란 모임도 있다. 이들이 지난 2월에 열린 보수정치행동회의Conservative Political Action Conference, CPAC에서 트럼프를 카이사르에 비유하는 배너 입간판을 곳곳에 세웠다. 카이사르 이미지를 차용해 만든 트럼프 얼굴 밑에 '2028을 향해, 그리고 그 너머For 2028... And Beyond'라고 적어 놨다. 미국 헌법에선 중임만 가능하므로 2028년 대선에 트럼프는 출마할 수 없다. 따라서 2028년 운운은 3선 개헌을 의미한다. '그 너머'는 카이사르가 받았던 종신독재관을 함의한다.

미국은 트럼프의 군림 천하

트럼프 대통령의 1기 정부에서 백악관 수석전략가를 지낸 스티븐 배넌Stephen Bannon은 이날 행사에서 노골적으로 "우리는 2028년 트럼프를 원한다"라고 외쳤다. 그냥 측근이나 지지자들의 낯 뜨거운 아부 경쟁에 불과할까? 비록 농담조이긴 하나 트럼프 본인도 3선 출마를 여러 차례 언급했다. 그는 스스로를 왕이라고 부르기까지 했다. 뉴욕주가 추진한 혼잡통행료 부과 방침을 취소시킨 뒤 자신의 소셜 미디어에 이렇게 올렸다. "혼잡통행료는 이제 죽었고, 맨해튼과 모든 뉴욕이 구원을 받았다. 왕 만세long live the king." 백악관은 한발 더 나갔다. 공식 계정에 트럼프의 이 포스팅을 인용하면서 이미지를 하나 첨부했다. 트럼프가 왕관을 쓴 모습에 '왕 만세'라는 문구가 적힌 이미지였다.

    트럼프는 법원 판결조차 무시하면서까지 불법 이민자 추방을 강행했고, 그 판결을 내린 판사의 탄핵까지 언급했다. 헌법상 출생시민권을 부정하는 행정 명령까지 발동했다. 헌법 입안자들이 미국 민주정의 대원칙으로 장착시켜 놓은 견제와 균형을 대놓고 무시하고 있다. "나라를 구하기 위해 하는 일은 불법이 될 수 없다." 황제 나폴레옹이 했던 이 말을 트럼프가 자랑스레 언급하는 걸 보면 그는 진심으로 자신을 전제 군주로 여기는 듯하다.

사정이 이렇다 보니 여기저기에서 경고음이 들린다. 저서 《폭정》으로 유명한 예일대 역사학과 교수 티머시 스나이더Timothy Snyder는 미국에서 쿠데타가 진행 중이라면서 "이게 쿠데타라는 사실을 우리가 인정하지 않으면 그들의 쿠데타는 성공할 것"이라 경고했다. 《뉴욕타임스》의 칼럼니스트 모린 다우드Maureen Dowd는 트럼프를 칼리굴라에 비유하면서 그를 '혼돈의 황제'로 불렀다. 그러면서 칼리굴라가 자신의 어머니에게 했던 말을 상기시켰다. "잊지 마세요. 누구에게든, 무슨 행동이든 내 마음대로 할 수 있다는 사실을Remember, I can do whatever I want to whomever I want."

지금의 미국은 트럼프 군림 천하다. "트럼프는 법과 논리를 초월한 존재로 군림하며, 모순되고 비합리적인 행동을 거침없이 쏟아 내는 방식으로 무제한적인 권력을 과시한다."(슬라보이 지제크) 행정 권력에다, 고분고분하다 못해 굴종에 몸이 단 공화당이 상하원을 모두 장악하고 있다. 게다가 사법부마저 대통령에게 거의 절대적 면책 특권을 부여했다. 이런 판이니 트럼프로선 뭘 주저하고 누구 눈치를 보랴. 최근 《주식회사 독재정치》란 책을 낸 역사학자이자 언론인인 앤 애플바움Anne Applebaum은 트럼프가 권위주의 체제로의 '체제 변경regime change'을 시도하고 있다며 주의를 환기하고 나섰다.

민주주의가 망가진 미국, 그럼 한국은?

미국의 민주주의가 병들어 기능 부전에 빠졌다는 지적은 이미 익숙한 서사다. 2013년 스탠퍼드대학의 프랜시스 후쿠야마Francis Fukuyama 교수가 이를 '비토크라시vetocracy=veto+democracy'로 불렀다. "연방 거버넌스 구조에서의 이념적 양극화로 인해 원래는 지나치게 강한 행정부 권위를 제어하기 위해 고안된 견제와 균형의 미국 시스템이 비토크라시로 전락했다." 상대에 대한 견제권 남용으로 국가의 기능이 사실상 멈춰 버린 현실을 날카롭게 포착한 개념인지라 널리 사용되었다.

정치학자 스티븐 레비츠키와 루칸 웨이Lucan Way는 트럼프의 미국을 '경쟁적 권위주의competetive authoritarianism'로 명명

한다. "권위주의는 헌법적 헌정 질서의 파괴 없이도 가능하다. 우리 앞에 놓여 있는 것은 파시스트나 일당 독재가 아니라 경쟁적 권위주의, 즉 정당들이 선거에서 경쟁하기는 하지만 현직자가 권력 남용을 통해 경쟁자에게 불리하게 만든 기울어진 운동장 체제다." 이 권위주의 체제는 정부 관료제를 정치·무기화한다. 한때 비판적이었던 실리콘밸리 최고경영자들이 앞다퉈 트럼프에게 기부·아첨하고, 만나려고 안달하는 현상 great capitulation(대굴종)도 이 때문이다.

샌디에이고 캘리포니아대 UCSD의 바버라 월터 Barbara Walters 교수의 개념은 '아노크라시 anocracy'다. 그는 시리아, 레바논 등에서 일어난 내전에 대해 30년 넘게 연구한 학자다. 그는 200년도 넘는 민주주의 역사를 가진 미국이 매우 위험한 상태, 즉 아노크라시에 진입했다고 진단했다. 아노크라시는 민주주의와 독재 중간의 무질서 상태를 의미한다. 민주적 요소들이 형식적으로 작동하기는 하지만 견제와 균형을 무시하는 지도자로 인해 광범위한 무질서가 생겨나고, 심지어 내전 발생의 가능성이 가장 큰 위험한 체제다.(바버라 월터,《내전은 어떻게 일어나는가》)

미국이 왕정으로 바뀌진 않을 것이나 망가지고 있는 건 분명한 추세다. 문제는 그 정도다. 어떤 이의 전망처럼 우파 독재 국가로 전락할 수도 있다. 이런 우려와 퇴행이 우리에게도 들이닥쳤다. 군사력을 통한 친위 쿠데타를 감행한 유아독존 대통령과 그를 극구 감싸면서 '윤석열화'되고 있는 국민의힘, 내란 수괴와 그 수하들에 대해 온정을 넘어 동조하는 듯한 정치 검찰, 국회 추천 헌법재판관 미임명은 위헌이라는 헌법재판소의 결정조차 대놓고 무시하는 대통령 권한대행, 그리고 윤석열 구속 취소와 김성훈·이광우에 대한 영장 기각 등 삿된 기운마저 느껴지는 법원의 어처구니없는 판결까지, 대한민국의 민주주의도 미국처럼 망가지고 있다.

나라 꼴이 이게 뭐냐는 탄성이 무성하다. 시대 우울을 호소하는 사람들이 부지기수다. 엉망진창의 나라 꼴이 무려 100일 넘게 지속되니 태연한 게 되레 이상할 터다. 비토크라시를 넘어 아노크라시에 이른 최악의 형국이다. 우리의 민주주의, 과연 안녕한가? 지금의 대한민국, 진정 민주공화국인가?

샌디에이고 캘리포니아대 역사학과 에드워드 와츠 Edward Watts 교수는 로마 공화정의 몰락에 대해 다룬 자신의 책 《독재의 탄생》 한국어판 서문에서 '로마의 실패는 정치인들이 대중의 분노를 본인의 경력을 쌓는 데 이용하기로 작정했고 또 그럼으로써 자신들을 공화국보다 우선한 탓'이라고 말했다. 그리고 '로마인들과 달리, 한국 사람들은 자신의 자유가 손상되지 않도록 제도와 구조, 정치 지도자들의 건전성 유지를 최우선 과제로 삼음으로써 이미 쟁취한 자유를 계속 지키길 희망'한다고 충고했다. 마음 굳게 먹고, 다시 들메끈을 단단히 조여 매야겠다.

_2025년 3월 27일

대한민국을 망치는 극우 카르텔의 실체

돈키호테는 비루먹은 말을 타고 소설로 들어간다. 그리고 늘어서 있는 풍차를 거인으로 착각한다. 그뿐 아니라 양 떼는 군대로, 농부의 딸은 귀부인으로 착각한다. 이렇게 현실을 떠나 저만의 이상(망상)을 좇는 것을 '키호티즘quixotism'이라 부른다. 작가 진중권은 윤석열 대통령의 정신 상태를 키호티즘에 비유했다. 세르반테스의 소설 《돈키호테》에서 유래된 말이다. 윤 대통령이 망상에 빠져 느닷없이 계엄령을 발동했으며, 친위 쿠데타가 실패한 후에도 끝까지 싸우겠다고 하니 언필칭言必稱 '윤'키호테란 호칭이 제격이다.

그런데 윤석열이 드러내는 정치·이념·역사적 정체성은 결코 일탈이 아니다. 돈키호테처럼 시대 흐름에서 낙오된 인간의 미친 짓이 아니다. 철학자 리 매킨타이어Lee Cameron McIntyre가 말한 그대로 '현실이 정치에 종속된 상태'의 지속 및 강화, 다시 말해 한국 사회가 정당을 기준으로 대치하고 적대하는 정서적 양극화가 빚어낸 현상, 그리고 극우 세력의 성장과 주류화에 따라 등장이 예고된 괴물이라고 봐야 한다. 트럼프가 보여 주는 기괴한 언행 때문에 트럼프 현상이 이례적인 돌연변이로 보이지만, 따지고 보면 미국 공화당의 극우화가 낳은 자연스러운 산물인 것과 같은 맥락이다. 윤 대통령의 정체성도 극우다.

세계의 극우 리더들

윤 대통령이 망상 속에서 그려 본 '석열민국'은 어땠을까? 힌트가 있다. 우선 튀르키예의 에르도안 대통령이다. "민주주의는 트램과 같다. 목적지에 도착할 때까지는 그것을 타고 있어야 한다. 그다음에는 거기서 내려야 한다." 그는 총리가 된 후 트램에서 내려 독재적 본능을 마음껏 드러냈다. 당연히 저항이 거세졌고 급기야 군부가 그를 제거하려고 나섰다. 에르도안은 이를 핑계로 삼아 국가 비상사태를 선포하고 대대적인 탄압에 나섰다. 공무원 수만 명이 체포됐고, 4000명의 판사와 검사가 파면됐으며, 100개 넘는 언론사가 폐간됐다. 에르도안은 정치적 반대를 짓누르는 데 성공해 독재자의 반열에 올랐다. 윤 대통령이 부러워할 만한 드라마다.

다음은 헝가리의 오르반 총리다. 오르반도 1998년 총선에서 승리해 35살의 나이로 총리에 올랐다가 2002년 선거에서 패해 물러났다. 끝났는가 싶었는데, 오르반은 8년 만에 권좌에 복귀했다. 2002년 패배가 부정 선거 때문이라는 믿음을 지지층이 공유하고 있었던 게 재기의 큰 힘이 되었다. 게다가 재집권한 오르반은 사법부, 언론, 대학 등 독립 기관들을 당의 통제 아래 두는 '독재적 돌파구autocratic breakthrough'를 통해 안정적 통치 기반을 마련했다. 독재적 돌파구는 법에 따른 통치rule of law를 통치에 따른 법law of rule으로의 전환이었다. 윤석열 대통령도 계엄을 독재적 돌파구로 생각했을 것이다.

윤 대통령과 국민의힘의 연대는 극우 동맹이다. 2010년대부터 보수 정당 국민의힘은 민주·평화·복지 어젠다agenda에서 멀어지는 행보를 해 왔고, 박근혜 탄핵 등을 거치면서 상대에 대한 적대감을 생존의 근거로 삼는 극우 정당으로 꾸준히 흑화해 왔다. 이런 적대감과 극우화를 빼놓고선 자신의 당에서 배출한 두 명의 전직 대통령을 비롯해 숱한 보수 인사들을 형사 처벌한 자를 대통령으로 옹립하는 굴욕마저 반기는 행태를 이해하긴 어렵다. 탄핵당한 윤 대통령과 한 몸이 되고 극우 세력에 포획돼 탄핵 반대에 나서고 있는 광태insanity도 설명하기 어렵다.

"정치적 적의가 미국 정치의 규정적 특성이 되었다." 캘리포니아대 버클리 캠퍼스의 폴 피어슨Paul Pierson과 에릭 쉬클러Eric Schickler 교수의 지적이다. 상대에 대한 적의 때문에 미국이 두 개의 나라로 나뉜 상태라는 얘긴데, 그래서 두 사람이 함께 쓴 책의 제목도 《파당 국가partisan nation》다. 워낙 두 정당이 죽일 듯이 싸우는 통에 서로 다른 부족 간 다툼에 비유해 부족주의로 부르기도 하고, 지지 정당에 따라 시비와 선악을 가르는 현상이 기승을 부려 파티즘partyism 또는 당파주의partisanism라는 용어까지 등장했다. 어느 용어든 어떤 정책적 선호나 이념적 성향에 상관없이 내가 지지하는 정당에 관한 것이면 닥치고 옹호하고, 반대하는 정당의 그것은 무조건 배척한다.

윤 대통령은 계엄으로, 미국의 트럼프는 지지자들을 동

원하는 의회 폭동으로 판을 엎으려 했다. 당연히 둘 다 탄핵 소추당했다. 트럼프의 경우 그에게 책임이 있다는 여론이 전체적으로는 70%가 넘었으나 공화당 지지층에서는 52%에 불과했다. 그렇다면 2021년 1월 6일 의회 폭동 이후 트럼프의 지지율이 떨어졌을까? 얼마나? 다시 회복했을까? 언제쯤?

반전을 노리는 극우 카르텔

프린스턴대의 샘 노오르트Sam Van Noort 교수에 따르면, 의회 폭동 후 열흘가량 지난 시점의 여론 조사에서 공화당 지지율은 폭동 이전에 비해 대략 11%p 하락했다. 트럼프에 대한 선호도는 4.6%p 줄어들었다. 비선호도는 6.3%p 늘어났다. 과거 의회 폭동 정도의 심각한 사건이 없을 때도 이런 정도의 지지율 등락이 있었던 점을 고려하면 의회 폭동이 지지율 판도에 미친 영향은 그리 크지 않았다. 게다가 놀랍게도 폭동 한 달 뒤 조사에선 폭동 이전에 비해 공화당 지지율이 겨우 3.7%p 하락한 것으로 나타났다. 놀라운 회복력이었다.

코펜하겐대의 그레고리 이디Gregory Eady 교수 등이 분석한 바에 따르면, 의회 폭동 이후 소셜 미디어 활동에서도 트럼프와 공화당을 멀리하는 현상이 생겨났다. 폭동 이후 3주 동안 소셜 미디어 사용자의 7%가량이 공화당 지지를 연상하는 용어를 삭제했다. 극심한 양극화를 생각하면 꽤 고무적이긴 하나 아쉽게도 이런 흐름은 채 두 달도 지속되지 않았다.

"여러 연구에 따르면, 의회 폭동으로 인해 지지층 사이에서 트럼프에 대한 반발이 일어났으나 짧게 지속되었을 뿐이다. 길어야 두 달, 짧으면 몇 주에 그쳤다."(Taeku Lee 등, 〈백인 권력! 백인의 지위에 대한 위협이 어떻게 반민주적 정치인에 대한 반발을 감소시켰나?〉) 독립운동 때 영국에 점령당한 후 처음으로 의회가 폭도들에 의해 유린당하는 역대급 사태에도 정당에 대한 맹목적 충성은 거의 옅어지지 않았다.

왜 이런 반전이 일어났을까? 노오르트 교수는 정당 엘리트들의 메시지와 프레임으로 설명한다. 사건이 일어난 직후에는 비판에 나섰지만 어느 정도 시점이 지나고 나면 사건의 중요성을 평가 절하하거나 트럼프의 역할이 거의 없었다는 식으로 전략적 부정과 변호에 나서기 시작했다. 배신자 운운하며 다른 목소리가 나오지 못하도록 막으면서 당파적 언론과 소셜 미디어를 통해 음모론과 진영론을 대대적으로 동원했다. 지지자들이 그 당파적 신호에 반응해 다시 모이기 시작했고, 그 결과 지지율이 반등하게 됐다.

예일대의 밀란 스볼릭Milan Svolik 교수는 이념적 양극화로 설명한다. 미국처럼 이념적으로 편이 갈려 있으면 자기편이 대놓고 반민주적 행태를 보이더라도 문책하는 걸 꺼린다. 나와 달라도 너무 다른 상대편을 대안으로 선택하기 어려워 어쩔 수 없이 계속 편들 수밖에 없다는 얘기다.

윤 대통령, 국힘의 다수, 상업화된 극우팔이 소셜 미디어, 태극기 부대 등 '극우 카르텔'이 비상계엄을 추동하고 동조한 까닭도, 지금 상당한 수의 보수 유권자들이 그를 지키겠다고 나서는 이유도 이런 당파주의 때문이다. 상대가 악마이기 때문에 그 상대를 으깰 수 있다면 뭘 해도 괜찮다는 태도를 보인다. 계엄-탄핵 국면을 계기로 정당 정치에서 보수는 짓눌리고 극우가 주류의 자리를 꿰차고 있다.

> "선전은 적개심을 불러일으키는 특별한 대상을 공격 매개물로 삼아 촉진되어야 한다."
> "거짓말을 충분히 큰 목소리로 반복해 말하면 사람들은

결국 믿는다."

지금 극우 카르텔이 따르고 있는 두 명제다. 그래서 그들은 줄기차게 외친다. '그래도 이재명은 안 됩니다.' 최근 여론 조사를 얼핏 보면 이 전략은 어느 정도 효과가 있는 듯하다. 참, 앞의 두 명제는 히틀러의 선동가 괴벨스의 말이다.

_2025년 1월 17일

트럼프는 이겼지만 윤석열은 질 것이다

놀라운 팩트였다. 눈길을 끌기에 충분했다. 문화방송MBC이 코리아리서치에 의뢰해 2024년 12월 29~30일 실시한 여론 조사의 한 문항이었다. '부정 선거가 있었다고 생각한다'는 응답이 29%였다. 국민의힘 지지층에선 무려 65%에 달했다. 설마?

우리는 사실이나 진실이 곧이곧대로 받아들여지지 않는 혼돈의 시대에 살고 있다. 특히 당파성에 관련된 사안일수록 서로 다른 사실이 충돌한다. 2022년 여론 조사에서 '조 바이든 현 대통령이 승리한 2020년 대통령 선거가 조작됐거나 도둑질당했다'는 주장에 대한 동의 여부를 물었다. 무려 40%가 동의했다. 2022년 또 다른 여론 조사는 1년 전에 있었던 의회 폭동에 대해 물었다. 민주당 지지자들의 85%는 '정부를 전복하기 위한 시위'라고 평가한 반면, 공화당 지지자들의 56%는 '자유를 수호하기 위한 행사'였다고 답했다. 두 정당은 서로 다른 토템을 믿는 두 부족이나 다름없다.

부정선거론은 극우 포퓰리즘의 세계적 보편 담론이라 할 수 있다. 부정선거론은 패배한 선거에 승복하길 거부하는 것에 그치지 않고 선거를 왜곡하고, 선거 외적 수단을 적극 활용함으로써 선거를 통해 작동하는 대의제 민주주의를 훼손·부정하는 반체제적 담론이다. 기성 질서를 거부하고 파훼하려는 극우들로선 매력을 느낄 수밖에 없다. 그들의 범용 무기가 됐다.

2025년 1월 현재 여러 조사를 통해 나타나는 최근의 여론 지형은 국민의힘 정당 지지율의 상승, 탄핵반대론과 정권연장론의 확장이다. 대통령이 군대를 동원해 친위 쿠데타를 시도했다는 사실에 비춰 보면 도저히 납득하기 어려운 흐름이다. 보수 성향 응답자의 비율이 늘어난 탓도 있겠지만 크게 보면 정치적 양극화의 효과다. 이념이나 정책에 대한 비동의 때문이 아니라 상대가 그냥 싫은 정서적 양극화, 이쪽이 좋아서 저쪽을 꺼리는 긍정적 애착이 아니라 상대편에 대한 반감 때문에 우리 편을 무조건 감싸는 부정적 당파주의negative partisanism가 빚어낸, 만들어진 현실이라는 얘기다.

그러나 이러한 양극화, 당파주의가 겨울에 얼음 얼듯이 자연스럽게 발현된 것은 아니다. 의도적이고 집요한 선동의 결과다. 선동의 주체는 윤석열 대통령과 정부 내 윤 패거리, 국민의힘, 극우 유튜버, 개신교 우파 등 극우 카르텔이다. 선동의 내용은 '탈진실post-truth 캠페인'이다. 탈진실은 객관적인 사실보다 신념과 감정에 대한 호소가 여론 형성에 더 큰 영향력을 행사하는 현상을 말한다. 철학자 리 매킨타이어는 저서 《누가 진실을 전복하려 하는가》에서 만약 탈진실의 매뉴얼이라는 게 존재한다면 '진실을 말하는 자를 공격하기. 어떤 화제든 거짓말로 둘러대기. 역정보 꾸며 내기. 불신과 양극화 조장하기. 혼란과 냉소 유발하기. 독재자의 말이 곧 진실이라고 주장하기' 등이 적혀 있을 거라 설명한다.

탈진실 캠페인과
인종 민족주의

탈진실 캠페인의 가장 대표적인 성공 사례는 트럼프다. 2016년 대선에서 승리한 것도, 4년 만에 화려하게 재기한 것도 모두 탈진실 캠페인을 통해 여론을 끌어당기는 데 성공했기 때문이다. 그런데 성공한 미국의 플레이북을 그대로 따라 한다고 해서 무조건 성공이 보장되는 건 아니다. 겉으로 보이는 모습이 언뜻 비슷해 보여도 한국은 미국과 다르다.

트럼프의 두 차례 대선 승리는 도전자일 때 이뤄졌다. 도전자로서 8년의 오바마 정부, 4년의 바이든 정부에 대한 심판 프레임으로 승리했다. 반면 2020년 집권자로서 치른 선거에서는 패배했다. 탈진실 캠페인은 누군가의 잘못을 지적하고, 고단한 현실에서 비롯되는 분노와 적의를 동원하는 데 매우 효과적이다. 그러나 집권자로서 임하는 대결에선 다르다. 비판의 주체가 아니라 대상이 되는 탓에 감성적 호소의 효과가 제한적일 수밖에 없다.

보다 결정적인 차이는 사회경제적 약자들의 태도에 있다. 미국의 트럼프는 세계화와 그에 따른 제조업 공동화로 인해 삶의 질이 나빠진 노동자들의 박탈감과 분노에 포커스를 맞춰 이들을 거대한 지지층으로 동원할 수 있었다. 저학력의 가난한 백인 노동자들, 오랫동안 민주당의 주력 기반이었던 이들의 강한 지지는 트럼프 연합의 가장 강력한 주축이다. 이들이 민주당에 등을 돌린 이유는 그 당의 무능과

무관심이었다.

앵거스 디턴과 앤 케이스의 지적대로, 1999~2017년 백인 중년의 자살률은 늘어났고 건강은 악화되었으며 기대수명이 줄어들었다. 일자리를 잃었고, 실질 임금도 줄었다. 45~54살 대졸 이상 사망률은 40%나 하락한 데 반해 고졸 이하 백인 사망률은 25% 상승했다. 절망감, 박탈감, 소외감 등으로 자살하거나 약물 과다 복용, 알코올성 간 질환에 의한 '절망사' 때문이다.(《절망의 죽음과 자본주의의 미래》) 이처럼 민주당은 백인 노동자들의 삶을 개선하는 데 무능했고, 많은 경우 아예 관심조차 기울이지 않았다.

인종 민족주의도 강하게 작용했다. 백인의 지위가 흔들린다는 위기감, 이민자들의 대거 유입과 일자리 상실로 인해 과거 내전까지 일으켰던 인종 정치가 다시 활성화됐다. 역사학자 게리 거스틀은 자신의 책 《뉴딜과 신자유주의》를 통해 트럼프의 인종 민족주의는 항상 계급적 차원을 품고 있다고 말했다. 트럼프는 자신이, 지구화에 올라탄 엘리트들에 의해 주변부로 밀려난 미국의 내륙 지방에 사는 서민 백인 남성들을 대변한다고 생각한다는 것이다. 또 트럼프는 이 엘리트들이 자유 무역을 추구한 결과 미국은 제조업 일자리를 모조리 빼앗겼으며 그나마 남은 블루칼라 노동자들은 임금 삭감을 겪어야만 했다고 여긴다.

트럼프의 전략이 한국에서 어려운 이유

트럼프의 성공을 낳았던 노동자들의 사회경제적 불만과 분노가 한국에선 윤석열 정부를 향하고 있다. 집권 이후 긴축 재정, 연구·개발 예산 삭감 등으로 '민란' 직전까지 간 상황에서 그들은 어이없게도 민생 회복이 아니라 계엄 선포를 택했다. 인수위 시절 대통령실 이전부터 계엄까지 그들은 시종일관 민심에 맞섰다. 게다가 국민의힘은 부자들의 정당, 강자들의 대표란 인식이 강하고 선명하다. 먹고살기 힘든 사회경제적 약자들이 윤 대통령과 국민의힘에 힘을 실어 줄 이유가 있을까.

계엄 찬성이나 탄핵 반대 여론은 60대 이상의 노년층에서 가장 높다. 2024년 12월 21~23일 실시된 한국갤럽 여론 조사에서 국민의힘 지지율은 38%였다. 세대별로 보면 60대에서 55%, 70대 이상에서 61%였다. 나머지 세대에서는 27~31%에 머물렀다. 60대와 70대 이상 연령층에서는 탄핵 찬성보다 반대 여론이, 정권 교체보다는 연장 여론이 더 높게 나타났다. 여론 조사에서 확인되는 국민의힘 주력 기반은 세대로는 60대 이상 노년층, 지역으로는 영남, 성향으로는 보수다. 이들을 이렇게 움직이게 하는 동인은 '지위 위협status threat'이다. 밀려나고 쪼그라드는 것에 대한 두려움이다. 이들이 탈진실 캠페인에 호응하는 이유이기도 하다.

최근 과표집oversampling 논란이 있는 점을 고려하면 보수와 진보라는 응답층을 빼고 중도만 보는 게 유용한 독법이다. 중도에서 정당 지지율은 44% 대 24%로 민주당이 훨씬 높다. 다음 대선과 관련해서도 27% 대 60%로 정권교체론이 훨씬 높다. 탄핵 찬성이 71%로 반대 21%를 압도하고 있다. 보수의 결집 여부는 논외로 하더라도 탈진실 캠페인이 여론 흐름을 반전시키거나 지형을 근본적으로 재편하고 있다고 보기 어렵다. 반대편에 있는 사람들을 적으로 느끼게 만드는 감성적 호소와 거짓 서사를 무한 반복하는 캠페인으로 국민의힘 전통적 지지층이 복원·동원되고 있는 형국이라 보는 게 적절하다.

딛고 설 사회경제적 지기 기반이 협애하고, 미국처럼 인종이나 반이민 이슈가 부재하며, 민생 실패의 책임이 자신들에게 있다는 점을 고려하면 탈진실 극우 캠페인이 성공하기란 쉽지 않다. 당장 극우로 대선에서 승리하겠다고 한다면 그건 또 다른 망상이다.

_2025년 1월 31일

극우 카르텔을 지탱하는 지위 위협 프레임

과연 경제적 어려움 때문일까? 펜실베이니아대학의 다이애나 무츠Diana Mutz 교수가 품은 의문이다. 2016년 미국 대선에서 예상을 뒤집고 트럼프가 승리한 뒤 이런저런 해석이 뒤따랐다. 자신들의 뒤처진 삶에서 비롯된 노동 계급 유권자들의 저항 투표가 낳은 결과라는 '낙오' 내러티브가 다수의 동의를 얻었다. 그러나 무츠가 여러 데이터를 분석한 뒤 얻은 결론은 달랐다. "결정적 요인은 지위 위협status threat이다."

백인, 기독교인, 남자의 정체성을 가진 유권자들이 자신들의 우월적 지위가 위태롭다고 느끼는 차원은 두 가지였다. 하나는, 다수파이던 백인으로서의 인종적 우위가 위협

당하는 데에 따른 두려움이었다. 비백인종이 백인을 수적으로 압도하는, 이른바 '거대한 교체great replacement'에 대한 공포다. 이는 이민을 반대하고, 불법 체류자들의 대거 추방을 거칠게 외치는 트럼프에 대한 지지로 연결됐다.

다른 하나는 세계적으로 미국이 패권 국가로서의 헤게모니를 잃어 가는 두려움이었다. 냉전이 끝난 뒤 다른 나라들이 감히 넘볼 수 없는 절대적 지위를 누리던 미국이 여러 강대국의 하나로 전락하고 있다는 우려는 자연스레 패권 경쟁을 벌이는 중국에 대한 반감으로 나타났다. 이는 다시 다른 나라들만 부유하게 만드는 자유 무역에 대한 반대, 보호주의로 연결됐다. 트럼프의 '미국을 다시 위대하게MAGA' 슬로건은 이 정서를 적확하게 겨냥한, 매우 효과적인 자극이었다.

밴더빌트대학의 존 사이즈John Sides 교수 등이 공동으로 연구한 바도 같은 맥락이다. 그들이 보기에 투표 패턴에서 변화가 생긴 가장 큰 이유는 수입이 아니라 교육이었다. 교육 수준이 낮을수록 트럼프를 더 많이 지지했는데, 이 또한 단순히 자신들이 겪고 있는 경제적 고단함이 아니라 인종과 민족ethnicity에 대한 태도에서 비롯됐다. 다시 말해, 경제적으로 뒤처져 있다는 폭넓은 인식이 아니라 열심히 일하는 백인 노동자들이 그만큼 기여하지 않은 소수 인종 출신들에게 자신의 몫을 빼앗기고 있다는 인식 때문이었다.

지위 위협이
극우를 움직인다

그럼 왜 갑자기 지위 위협이 2016년의 성패를 가르는 요인이 되었을까? 이미 형성되어 있던 흐름이나 이슈를 트럼프가 핵심 쟁점으로 끌어올리는 데 성공했기 때문이다. 여론 분포상의 급격한 변화나 갑자기 터진 대형 사건이 있었고, 이에 트럼프가 기민하게 대응한 탓이 아니었다. 트럼프는 기왕에 있던 그 이슈를 '여러 이슈 중 하나'에서 '가장 중요하고 가장 예민하고 가장 눈에 띄는' 이슈로 주조해 냈다. 당파적 미디어의 선동과 소셜 미디어의 필터 버블 효과, 복음주의자가 중심이 된 기독교 우파의 지원도 매우 컸다.

프린스턴대학의 래리 바텔스Larry Bartels 교수는 잘못된 통념을 날카롭게 지적한다. "우리가 포퓰리즘에 대해 잘못 이해하고 있다." 서구 민주주의 국가들에서 포퓰리즘 정당이나 후보들의 지지가 늘어나는 동력은 경제적 불만이 아니라 문화적 우려에 있다. 수십 년간 진행된 인종 평등 투쟁으로 인한 성과와 그에 따른 사회적 변화, 기독교의 쇠락 현상과 문명의 충돌이 자신들의 본래적 정체성을 갉아먹고 있다는 두려움이 그것이다. 이민에 대한 반대가 가장 구체적이고 공통적으로 확인되는, 손에 잡히는 균열로 자리 잡았다.

그런데 바텔스 교수가 직격하는 또 다른 오해도 있다. 반이민 정서라는 것도 따져 보니 많은 이민자 때문에 발생하진 않았다는 사실이다. 독일이나 스웨덴처럼 이민자가 대거 유입된 나라에는 되레 이민에 대한 우호적 여론이 높았고, 2015년 시작된 유럽의 난민 위기에도 별 영향을 받지 않았다. 반면 헝가리나 폴란드는 이민자를 거의 받지 않아 이민자의 비율이 상대적으로 매우 낮았음에도 반이민 정서가 극성을 부렸다. 왜 이런 차이가 났을까? 답은 그 나라 정부, 특정 정치 세력이 이민자를 정치적 희생양으로 삼았느냐 그러지 않았느냐에 있었다. 여론이 먼저 형성되고 정치 리더들이 이에 반응한 것이 아니라 그들이 앞서서 여론 형성을 주도했다는 얘기다.

한국에서도 지위 위협 프레임에 주목할 필요가 있다. 물론 극우의 사회경제적 기반이 협소하고, 이민·무슬림 이슈처럼 다른 나라 극우의 동원 소재였던 문화적 쟁점도 거의 없어 극우의 선동이 먹히기 어려운 토양인 건 분명하다. 일부에서 혐중 민족주의를 추동하나 근거가 약하다. 1992년 수교 이후 2022년까지 한국 전체 무역 수지 흑자 규모는 7688억 달러에 달했는데 이 중 대중 무역 흑자 누계는 7068억 달러였다. 전체 무역 수지 흑자의 91%가 대중 무역으로 인한 것이니 1990년대 이후 한국 경제는 중국 수출을 통해 번 돈으로 먹고살았다고 해도 과언이 아니다.(김학균, 〈세계화의 손익 변화와 그 불만〉) 비록 사드 사태 이후 양국 간의 관계가 매우 나빠졌지만 미국민이 중국에 대해 느끼는 것만큼의 상징성과 체감성을 띠기 어렵다.

한국의 극우 카르텔이 지위 위협을 가장 중요한 이슈로 만들어 내는 데 성공한다면 판도를 흔드는 강력한 위협이 될 수 있다. 우선 여론 조사에서 국민의힘을 압도적으로 지지하는 60대 이상 노년층들이 갖는 지위 위협이 있다. 유권자 집단으로서 이들은 국민의힘에 대해 강한 애착을 보이는 한편, 정치적 반대편인 민주당에 대해서는 강한 적대를 표출한다. 정도로 보면 애착보다 적대가 더 큰 당파적 유인이 되고 있다. 게다가 이들의 삶은 고단하고 외롭다. '노인을 위한 나라는 없다'는 말이 제격이다. 젊었을 때 그들은 성장과 반공의 일상을 보냈다. 지금은 성장도, 반공도 예전 같지 않다. 정보기술IT의 일상화, 생활 방식의 변화에 따른 문화적 지체와 반감도 느낀다.

지위 위협이 국힘을 움직인다

2024~2025년 서울 한남동 대통령 관저 앞의 탄핵 반대 집회나 1·19 서부지법 폭동에서 20·30대 남성들의 참여가 눈에 띄었다. 탄핵 찬성 집회에 젊은 여성들의 참여가 두드러졌던 것과 대조를 이루는 시대적 풍경이다. 아직 20·30대 남성 전체가 극우화하고 있다는 징후는 없다. 다만 그들이 가진 반페미니즘 정서, 그보다는 약하지만 반북·반중의 세대 감성이 극우에 의해 왜곡 대표될 가능성은 없지 않다. 삶에서 느끼는 불안과 불만을 혐오와 적대로 확대 재생산해 내는 소셜 미디어 플랫폼의 인공지능 알고리즘, 유튜브 등 소셜 미디어에서의 상업적 선동, 그리고 극우 개신교의 인적·물적 지원 등이 대안 사실을 넘어 대안 세상을 만들어 낼 수도 있다. 젊은 남성들의 반페미니즘 정서와 노년층의 반공이 만나고, 양자가 공히 느끼는 지위 위협이 그들의 공

적에 대한 반감에 자극돼 정치적 연대와 세력화를 추동할 수 있다.

주류 정당의 선택과 리더십이 중요하다. 근대화의 주역이라는 레거시를 가진 국민의힘이 보수 정당에서 극우 정당으로 변하고 있다. 국민의힘의 연원을 보면, 과거 군사 정권을 이어받은 정당이다. 그래서인지 국민의힘은 윤석열 정부의 극우적 행태에 동조하거나 지원할 뿐, 민주주의와 헌법을 이유로 제동을 건 적은 한 번도 없었다. 그랬던 정당이라 지금 극우로 스스로 탈바꿈하는 게 그렇게 낯설진 않으나 그 노골적 언사와 급격함만큼은 의외다.

국민의힘의 극우화 선택도 지위 위협으로 설명할 수 있다. 지난 두 번의 총선 대패 등 최근 선거에서 국민의힘과 그 이전의 전신 정당들은 과거의 압도적 우위를 잃고 소수파로 전락하는 과정에 있다. 화려한 과거에 대한 노스탤지어는 극우로 이끄는 사이렌의 유혹이다. 그런데 극우 스탠스로는 다수 연합을 구축하기 어렵다. 극우화를 제압할 정도의 선명한 리더십과 차별성을 가진 후보가 시끄러운 당내 경선을 통해 '탈윤'에 성공하면 가능할 수도 있다.

그런데 그 '성공'이 쉽지도 않지만, 그들만 잘해서 되지도 않는다. 반대쪽의 방심과 전략적 오판이 쌍을 이뤄 줘야 한다. 국민의힘은 종속 변수일 뿐, 다음 대선의 독립 변수는 민주당이다. 즉, 민주당 하기에 달려 있다.

_2025년 2월 13일

개헌은 못난 정치의 해법이 아니다

 떠나지 않는 의문 하나. 헌법을 지키지 않아서 헌정 문란이 왔는데, 그 헌법을 바꾸자고 하는 게 맞는 처방일까? 대통령이 헌법을 위반해서 생긴 혼란의 극복은 그 헌법에 정해 놓은 절차를 또박또박 밟아 가면 된다. 위기의 일차적 원인은 헌법이 아니라 규범이다. 헌법을 권력의 수단으로 삼는 비민주적 규범과 태도가 문제다. 헌법 개정은 오래된 숙제다. 개정의 사유는 차고 넘친다. 그럼에도 국민적 호응의 분위기가 생기지 않는 까닭은 위기의 원인과 해법 간 엇박자 때문이다.

 한동훈 국민의힘 전 대표가 헌법과 관련해 '절제'를 말했다. 그는 "87년 체제는 위대했다. 정치 세력 간 절제와 자제가 뒷받침했다"라고 한 뒤 개헌을 주장했다. "그러나 이번에는 한쪽에서는 29번 줄탄핵을, 다른 쪽에선 계엄을 꺼내면서 절제와 자제가 무너졌다. 체제를 바꿔야 한다." 한 전 대표가 말하는 자제는 규범이고, 헌법은 제도다. 규범을 지키지 않아 사달이 났는데 제도를 바꿔야 한다는 건 앞뒤가 맞지 않는다.

정치학자 스티븐 레비츠키와 대니얼 지블랫은 민주주의가 유지되기 위해 두 가지 규범이 필요하다고 말했다. 하나가 제도적 자제institutional forbearance고, 다른 하나가 상호 관용mutual toleration이다. 자제는 입법부나 행정부가 자신들의 제도적 권리를 행사할 때 신중함을 잃지 않는 절제를 말한다. 윤석열 정부와 민주당이 각각 장악한 제도의 권한, 즉 행정권과 입법권을 행사함에 있어 자제하지 않아 우리 민주주의가 훼손된 것은 분명한 사실이다. 둘 다 잘못했다. 그러나 비상계엄과 이른바 줄탄핵이 동급의 잘못으로 취급될 순 없다. 불법과 남용은 차원이 다르다.

상호 관용은 정당이 상대 정당을 무찔러야 하는 적이 아니라 정당한 경쟁자로 인정하는 존중이다. 상대 정당, 상대 후보가 집권해도 나라가 망하지 않는다는 믿음, 정권을 잃어도 나의 생존이 위태로워지지 않는다는 믿음이다. 그런 점에서 자제와 관용 중에서 관용이 더 선차적이고 중요하다. 상대를 존중하게 되면 절제할 수 있기 때문이다. 한 전 대표는 두 가지 규범 중에서 콕 짚어 자제만 말하고 관용을 말하지 않는다. '반反이재명'을 통해 배신자 프레임을 돌파하려는 의도 때문으로 짐작된다.

정치학자 필립 슈미터Philippe C. Schmitter에 따르면 민주주의의 제도화에는 두 가지 길이 있다. 하나는 민주화다. 정치를 바로 세우는 것이다. 다른 하나는 헌법화다. 헌법을 바로 세우는 것이다. 최장집 교수는 로버트 달의 저서 《미국 헌법과 민주주의》의 한국어판 해설 〈민주주의와 헌정주의: 미국과 한국〉에서 둘의 차이를 이렇게 설명했다. 민주화는 참여-대표-책임성의 구조 위에서 이루어지는 정치적 실천과 상호 작용을 통해 사회의 현실에 상응하는 갈등의 표출-집약-조정-정책화의 패턴을 만드는 제도화 방식을 중시한다. 반면 헌법화는 정치 밖에서 정치의 행위자나 시민 모두가 따라야 할 규범과 규칙을 만드는 제도의 방식을 중시한다는 것이다.

헌법 개정의 당위

계엄-탄핵을 떠나 한국 민주주의의 진화를 위해 헌법 개정은 당연히 필요하다. 1987년 헌법을 개정할 때에 비해 사회가 달라도 너무 많이 달라졌다. 시대 조응의 차원에서 헌법 개정은 더 미룰 수 없는 과제다. 그러나 한국 민주주의가 제대로 작동하지 못하고 최근 혐오 민주주의로 불리는 수준으로까지 퇴행한 원인을 헌법에서만 찾는 것은 지적 게으름이자 의도적인 프레임 치환이다.

개헌 이유, 즉 헌법의 불완전성이 문제라면 헌법을 열심히 지켰음에도 결과적으로 위기가 생겨나야 맞다. 그런데 거듭 강조하지만 헌법을 지키지 않아서 위기가 발생했다. 따라서 초점은 헌법이 아니라 헌법 준수 여부다. 엄밀히 따지면 지금 우리는 있는 헌법도 제대로 구현하지 않고 있다. 예컨대, 흔히 경제 민주화 조항으로 알려진 헌법 119조의 2항을 우리가 지금 온전히 실천하고 있나? 헌법 제11조 1항, 즉 "모든 국민은 법 앞에 평등하다"라는 조항이 유보나 차별 없이 적용되고 있다고 장담할 수 있나? 12조의 '변호인의 조력을 받을 권리'가 수사 과정에서 제대로 보장되고 있나?

　일부에서 이런 개헌이 얘기되고 있다. 대통령의 제왕적 권한을 제한하기 위해 5년 단임을 4년 중임으로 바꾸고, 대선과 총선 시기를 일치시키자고 한다. 그런데 대선과 총선을 같이 치르면 대선에서 승리한 정당이 총선에서도 이길 가능성이 매우 크다. 한 정당이 행정 권력과 입법 권력을 동시에 장악하게 되면 그만큼 대통령의 힘이 세진다. 나눔이 아니라 모음이다. 미국의 예가 증명하듯, 4년 중임이라고 해서 대통령이 권한을 민주적으로 행사하는 것도 아니다.

　행정부와 입법부 간 대립이 위기의 원인이라는 지적도 있다. 이는 대통령제의 태생적 한계다. 분점 정부는 대통령제의 가려진 '노멀normal'이다. 이게 문제라면 내각제, 학계의 용어로는 의회제로 정부 형태를 바꿔야 한다. 그런데 대통령제를 내각제로 바꾸려면 국민적 차원의 깊고 오랜 논의가 필요하다. 지금 같은 시기에는 이런 숙의가 가능하랴. 대통령이 헌법 기관인 국회·선관위를 군대로 장악하려 해도, 지지자들이 헌법 기관인 법원을 공격하는 폭동을 일으켜도, 소속 의원이 헌법 기관인 헌법재판소를 때려 부수자고 선동해도 질타는커녕 옹호하고 편드는 세력이 개헌을 말하는 게 가당키나 한가.

못난 정치 극복은
좋은 정치로

못난 정치가 위기를 불렀다. 민주주의가 실현되는 기제인 정치가 온전히 작동하지 않고, 크게 보면 그 정치의 기능 부전이 지금의 헌법 위기를 낳았다. 그렇다면 정치를 복원하는 것이 위기 극복의 본령이다. 헌법화가 아니라 민주화가 바른 해법이다. 헌법이 아무리 좋아도 정치가 좋지 않으면 무용지물이다. 헌법을 바꿔야 할 필요성이 충분하고, 더 이상 미루기 어렵다는 사실 때문에 지금의 위기를 헌법 개정만으로 해소하려 해선 안 된다. 두 개는 별개다. 헌법 개정에 답을 찾는 태도는 정치가 아닌 방법으로, 정치 밖의 외부적 개입에 의해 문제를 해결하려는 것에 지나지 않는다.

레비츠키와 지블랫이 말하는 '헌법적 강경책constitutional hardball'이 우리 정치를 지배하고 있다. 규칙에 따르지만 법적으로 주어진 권한을 마음껏 사용해 상대를 최대한 압박하는 행태를 말한다. 과반 의석을 가진 야당이 대통령을 옥죄기 위해 국회의 탄핵권을 남용하는 경우, 대통령이 자신과 가족의 사법 리스크 방어를 위해 거부권을 남용하는 경우 모두 헌법적 강경책이다.

대통령의 권력은 막강하다. 그 막강한 힘을 사용해 견제와 균형의 원리를 침해할 수 있다. 오죽하면 대통령의 막대한 권한을 '헌법적 공성 망치'라고 불렀으랴. 그 망치를 함부로 휘두르면 민주주의의 성채가 무너진다. 의회와 대립하던 페루의 알베르토 후지모리 대통령은 1992년 4월 의회를 해산하고 헌법을 무효로 한 후 독재 체제를 구축했다.

의회도 못지않은 공성 무기를 갖고 있다. 대통령을 그 자리에서 끌어내릴 수 있는 탄핵권이다. 탄핵은 "선출된 지도자의 힘을 약화시키고 선거 결과를 뒤집으려는 당파적 도구"로 전락할 위험이 있다. 파라과이 의회는 2012년 6월 느닷없이 페르난도 루고 대통령을 탄핵해 쫓아내 버렸다. 헌법적 강경책을 쓰면 누가 이기고 누가 지든 민주주의는 무너진다.

보다 절실한 과제는 정치 바로 세우기다. 좋은 정치가 답이다. 평생을 민주주의 연구에 바친 정치학자 최장집의 20년 전 충고는 그래서 지금도 유효하다.

"민주주의가 퇴락의 경로가 아닌, 다시 좋아지는 경로로 나아가기 위해 강조되어야 할 문제 역시 제도가 아니라 좋은 정치의 중요성이다. 좋은 제도를 디자인하는 것도, 있는 제도를 효과적으로 작동시키는 능력도 좋은 정치의 함수라고 할 수 있다. 아무리 좋은 제도라도 좋은 정치가 구현되지 못할 때 무용지물이 될 수 있기 때문이다. 요컨대, 헌법의 문제는 곧 민주주의의 문제이고, 그것은 다름 아니라 정치의 문제로 집약된다."

_2025년 3월 13일

민주주의 퇴행을 단죄할 최고의 무기는 '종이 짱돌'

대의제 민주정은 선거로 뽑은 대표에게 국정 운영을 맡기는 체제다. 현대 민주정의 시작은 선거다. 정치사상가 존 로크John Locke가 이런 말을 했다. "모든 정치 사회를 시작하고 실질적으로 구성하는 것은, 다수파를 만들 수 있는 숫자의 자유인들이 연합하고, 그러한 사회에 스스로를 편입시키기로 동의한 것에 지나지 않는다. 그리고 이것이, 바로 이것만이 세상의 모든 합법적 정부의 시작이고, 기원일 수 있는 것이다." 이 연합·동의의 제도가 바로 선거다.

선거가 없다면 그가 누구라도, 심지어 아리스토텔레스나 공자라 하더라도 통치의 정당성을 가지지 못한다. 따라서 선거는 주권자의 뜻이 집합적으로 표출되는 기제이고,

선거 결과는 주권자인 인민의 거역할 수 없는 평결을 뜻한다. 선거, 그중에서도 주권자인 국민의 삶에 가장 많은 영향을 미치는 대통령을 뽑는 선거가 눈앞에 있다.

윤석열 대통령 탄핵 심판 결정문에서 헌법재판소는 제22대 총선이 윤 대통령에게 국회 해산의 효과를 가질 수 있는 기회로 규정했다.

> 우리 헌법은 대통령제에서 대통령의 권력 남용을 우려하여 대통령의 국회해산권을 규정하고 있지 않다. 그러나 대통령과 국회의원의 임기의 차이 등으로 인하여 대통령 선거와 국회의원 선거가 일정한 간격을 두고 치러짐에 따라 대통령으로서는 임기 중에 국회를 새롭게 구성하는, 즉 국회 해산과 마찬가지 효과를 거둘 기회를 갖는 경우가 있다. 피청구인의 경우도 자신의 취임으로부터 약 2년 후에 치러진 제22대 국회의원 선거에서 그와 같은 기회를 가졌다.

그러나 윤석열 전 대통령은 그 기회를 차버렸다. "야당의 전횡을 바로잡고 피청구인이 국정을 주도하여 책임 정치를 실현할 수 있도록 국민을 설득할 2년"을 허비했다. 여소야대의 국회를 무시하고, 야당을 적대하고, 국민을 겁박했다. 그로 인해 초래된 제22대 총선 패배에 승복하지도 않았다. 체면치레로 야당 대표를 한번 만났을 뿐 달라진 건 아무것도 없었다. 국민이 투표를 통해 내린 주권적 심판을 거부한 셈이다.

협치와 독재 중
잘못된 길을 선택하다

총선 후 윤 전 대통령 앞에는 두 가지 길이 놓여 있었다. 하나는, 이른바 협치의 길이다. 주권자가 야당의 손을 들어 줬으니 야당을 국정의 파트너로 인정하고, 나라를 함께 운영하는 것이다. 민주주의 국가라면 여소야대 상황에 처한 대부분의 행정부가 부득불 이렇게 한다. 다른 하나는, 독재의 길이다. 그냥 자기 맘대로 하는 것이다. 윤 전 대통령은 이걸 택했다. 그러나 다수 야당의 협조 없이는 할 수 있는 일이 거의 없기에 언제가 됐든 결국 극단적 파국으로 이어질 수밖에 없었다.

윤 전 대통령은 독재적 돌파구, 비상계엄이란 친위 쿠

데타로 국민이 선거로 구성한 헌정 거버넌스governance를 전복하려고 시도했다. 헌재도 특별히 이에 주목했다. "야당이 다수 의석을 차지한 제22대 국회와의 대립 상황을 병력을 동원하여 타개하기 위하여 이 사건 계엄을 선포하였다." 쉽게 말해 계엄은 국민 계몽령이 아니라 국회 해산령이었다는 얘기다.

정치학자 버나드 마넹Bernard Manin은 저서 《선거는 민주적인가》에서 대의제 민주정의 변함 없는 원칙을 네 가지로 정리했다. 첫째, 일정한 시간적 간격을 두고 선거를 통해 통치할 사람을 임명한다. 둘째, 통치하는 사람의 정책 결정은 유권자들의 요구로부터 일정 정도 독립성을 갖는다. 셋째, 피통치자들은 통치자들의 통제에 종속되지 않고, 그들의 의사와 정치적 요구들을 표현할 수 있다. 넷째, 공공 결정은 토론을 거친다.

윤 전 대통령은 네 가지 원칙을 다 저버렸다. 자신도 선거를 통해 그 자리에 '임명'되었음에도 역시 선거를 통해 임명된 다른 사람들을 배제했다. 선출된 공직자가 가진 독립성을 거의 절대적 권한으로 간주해 절대왕정의 계몽 군주로 군림했다. 피통치자, 즉 국민들의 천부적 권리인 표현·결사의 자유를 침해했다. 공적 결정을 자기 마음대로 전횡했다.

'대통령 윤석열은 민주주의자가 아닐뿐더러 유사 왕정을 꿈꾼, 선출된 독재자였다!'

6·3 대선은 단순히 정권 교체와 연장의 싸움이 아니다. 누가 이기고 누가 지느냐의 다툼도 아니다. 민주정을 굳건히 하는 한편 대한민국이 다시 도약하느냐 추락하느냐를 결정하는 분수령이다. 중대 선거critical election 또는 정초 선거foundation election가 되어야 한다. 사전에 따르면, 중대 선거는 유권자 재편성이 일어나고 정당에 대한 지지 기반에 변화가 일어남으로써 소수당이 다수당이 되는 등 정당을 지지하는 계층과 지역에 변화가 발생하는 선거다. 정초 선거는 한 사회의 정치 지형을 확정 짓는 선거로, 단순히 일회적 의미를 갖는 선거가 아닌 국가의 미래를 결정하고 사회의 틀을 잡는 중대한 선거다. 이번 대선은 '대한'의 명운을 결정하는 국가적 모멘트, '민국'의 미래가 달린 역사적 티핑 포인트tipping point다.

심판과 통합 중 어느 길을 갈 것인가

12·3 내란 사태는 긴 과정에서 벌어진 하나의 계기일 뿐이다. 그 하나의 계기를 우리는 시민의 저항과 국회·헌재의 결정으로 슬기롭게 극복해 냈다. 그러나 '긴 과정'은 여전히 진행 중이다. 보수 세력이 민주적 가치보다 권력 장악·유지를 더 중시하면서 극우화에 빠져들고, 정서적 양극화가 극심해지는 등 민주주의의 퇴행 과정이다. 국회의 탄핵 소추 이후, 심지어 헌재의 파면 결정 이후에도 '윤석열 늪'에서 허우적대는 국민의힘, 그 모습을 보면 계엄이 일회적 일탈이 아님을 충분히 알 수 있다.

국민의힘은 윤석열 정부의 온갖 실정과 구태, 패악질에 대해 일체 함구하고 시종일관 추종했다. 이태원 참사에 대한 책임을 뭉개도, 영부인이 대놓고 선물을 받아도, 해병의 억울한 죽음에 대한 진상 규명과 처벌을 묵살해도, 연구 개발 예산을 싹둑 잘라 내도, 언론을 탄압하고 언론인을 옥죄어도 그들은 오로지 윤석열 편들기와 김건희 감싸기에 올인했다. 이처럼 민주적 퇴행은 주류 정당의 동조 없이는 불가능하다. 그런 점에서 국민의힘은 대통령, 검찰과 더불어 퇴행 과정을 이끈 트라이앵글의 한 축이다. 과하게 보면 공범이요, 적어도 종범인 건 분명하다.

투표권은 최고의 시정 권력이다. 6·3 대선을, 민주 인프라를 재건하고 정치 구도를 일신하는 정초 선거로 삼아야 한다. 그러려면 극우를 수용·동조·조장하는 정치 세력을 확실하게 제압해야 한다. 대한민국의 주권자로서 우리는 주저 없이 단죄의 '종이 짱돌paper stone'을 던져, 윤 전 대통령 등 극우 카르텔이 "윤 어게인"을 외치며 세를 모으고, 국민의힘이 탈윤은 고사하고 '내란 몰이 탄핵' 내러티브를 고수하는 지금의 상황을 투표로 시정해야 한다. 단호히 응징함으로써 그들이 다시는 민주의 가치보다 당파적 이익을 중시하는 잘못을 범하지 않도록 해야 한다. 지금 이 순간, 방심이나 온정은 사치이자 해악이다.

대의제 민주정은 정당을 축으로 작동한다. 정당이 선거를 통해 집권하거나 심판당하는 시스템이다. 따라서 선거 성패의 압력은 당을 변화시키는 동력으로 작용한다. 국민의힘이 집권을 목표로 하는 정당인 이상 다수표를 얻지 못하는 노선과 행태에 오랫동안 빠져 있을 순 없다. 이번 선거에서 참혹한 패배를 경험하게 되면 그것이 변화, 다시 보수로 복귀하거나 한발 더 나아가 개혁적 보수로 거듭하는 커다란 자극이 될 것이다. 때론 참혹한 패배가 약이다. 국민의힘이 거듭나기 위해선, 보수의 생태계를 복원하기 위해서는 대선 참패가 하나의 필요조건이다. 우리는 매정해져야 한다. 그래야 보수가 산다. 보수가 살아나야 정치도 살아난다.

    87년 체제의 극복이 개헌을 통해서만 가능한 건 아니다. 개헌은 하나의 방법일 뿐, 선거와 정치를 통해 창조적으로 해낼 수도 있다. 책임을 묻는 심판 선거를 통해 헌법을 지키고, 불공정 해소와 불평등 완화 등 유능한 통합 정치를 통해 강한 민주정을 구현함으로써 87년 체제의 한계를 충분히 극복해 낼 수 있다. 이 유능한 통합 정치, 다음 정부가 주도해서 풀어야 할 모두의 숙제다.

_2025년 4월 24일

이재명 정부의 필승 전략은 내려놓기와 나누기

지기도 쉽지 않은 선거! 여러모로 이번 대선은 민주당에 유리하다. 물론 어떤 선거든 승패는 신의 영역, 해봐야 안다. 판세의 우열이 확연한 듯 보여도 실제 까 보면 얼마든지 다른 결과가 나올 수 있는 게 선거다. 그런 점에서 의외의 결과가 나올 수도 있다. 설마 탄핵 반대 세력을 찍겠느냐는 방심은 설마 검사 출신을 찍겠느냐는 2022년 대선의 방심만큼 위험하다.

선거 환경이 많이 달라졌다. 가장 눈에 띄는 대목은 당파적 양극화다. 지지 정당을 기준으로 가치 판단을 내리고 사실 진위를 가리는 당파적 양극화가 박근혜 탄핵과 문재인 정부를 거치면서 더 강해졌다. 그런데 양극화는 서로 양

진영으로 나뉘어 다툰다는 점을 나타낼 뿐이다. 진영 내 결속은 어떨까? 이에 대해서는 미국 밴더빌트대의 존 사이즈John Sides 교수, 캘리포니아대UCLA의 크리스 타우사노비치Chris Tausanovitch 교수와 린 바브렉Lynn Vavreck이 2020년 미국 대선을 분석한 책에서 제시한 '석회화calcification(경화)' 개념이 유용하다.

"양극화는 자신들의 가치, 이념, 정책에 대한 견해에서 서로 대립하는 정당 간에 거리가 멀어지는 것을 말한다. 석회화는 자기 당의 대통령과 손절하거나 다른 당에 투표하는 것처럼 평소 지지하던 정당에서 이탈하려는 생각이 옅어지는 것을 뜻한다." 양극화는 진영 대립을, 석회화는 진영 결속을 말한다. 극심한 양극화와 단단한 석회화 속에서 특정 정당이나 그 당 소속의 정치인이 그 어떤 잘못을 저질러도 진영 대립이 느슨해지거나 진영 결속이 흐트러지지 않는다는 얘기다. 그렇다면 위헌·위법한 계엄과 그에 따른 탄핵이란 매우 중대한 계기에도 불구하고 보수 또는 국민의힘 지지층은 대선에서도 대체로 유지될 것이다.

한국갤럽의 최근 6개월간(2024년 9월~2025년 2월) 정당 지지율 조사를 보면, 민주당과 국민의힘은 오차 범위 내에서 각축하고 있다. 계엄 사태에도 불구하고 국민의힘의 지지율은 미동만 있었을 뿐이고, 그 약간의 손실조차도 금방 회복됐다. 1·19 서부법원 폭동 이후 여론의 트렌드가 다시 바뀌긴 했지만 한때 정권 연장론이 교체론을 앞서기도 했다. 우리 정치에서도 양극화와 석회화가 동시에 진행되고 있는 셈이다. 탄핵이 곧 정권 교체라는 등식은 안이한 인식이다.

중도를 잡으면 효과는 두 배

양극화·석회화 시대에는 중도의 규모가 줄어들지만 그럼에도 성패는 그들이 좌우한다. 클린턴 대통령부터 힐러리까지 숱한 선거를 치른 여론 조사가 마크 펜Mark Penn은 지난 미국 대선을 앞두고 중도를 잡는 게 핵심이라고 했다. 그에 따르면 이는 간단한 셈법이다. 지지층 중에서 투표에 미온적인 유권자를 동원하는 데 성공하면 +1이지만, 이쪽을 찍을 수도 있고 저쪽을 찍을 수도 있는 유권자를 견인하는 데 성공하면 ±1이다. 잃는 쪽은 –1, 얻는 쪽은 +1, 결국 2표의 효과가 있는 셈이다.

《정의란 무엇인가》의 저자인 마이클 샌델Michael Sandel 하버드대 교수가 미국 대선이 한창 진행 중이던 2024년 8월 카멀라 해리스 후보에게 이렇게 충고했다. "그러나 단지 트럼프에 맞서고, 임신 중절권을 옹호하는 것이 전부가 돼서는 안 된다. 트럼프를 제대로 물리치려면 해리스는 트럼프가 그간 악용해 온 사람들의 정당한 불만legitimate grievances에 대해 제대로 된 해결책을 제시해야 한다."

중도의 우려, 중도가 민주당이나 이재명 후보에게 갖는 정당한 불만이 무엇인지 알아내 그에 대한 해법을 제시하는 것이 중요하다. 2025년 2월 18~20일에 실시한 갤럽 조사에 의하면, 이재명 대표의 지지율은 진보층에서 67%에 달한 반면 중도층에선 35%에 불과했다. 지난해 11월 5~7일 갤럽 조사에서 얻은 진보층 53%, 중도층 30%에 견줘 보면 진보층은 결집한 반면 중도층은 여전히 미온적이다. 이 정도면 중도 견인은 발등의 불이다. 탄핵 찬성자 중에 56%만이, 정권 교체를 원하는 응답자의 63%만이 이재명 대표를 지지하는 것도 중도에서의 부진 탓으로 보인다.

중도의 표심을 어떻게 얻을까? 마크 펜은 중도를 잡기 위한 관심사로 이민, 인플레이션, 극단적 기후 정책, 유약한 외교 등을 거론했다. 이들은 이민에 대해 부정적이며, 물가에 예민하고, 외골수적 기후 정책을 불편해하고, 강한 외교를 원하므로 이들 이슈에 대한 진보적 스탠스는 도움이 되지 않는다는 얘기다. 실제로 선거 뒤 분석에 따르면 펜의 지적은 타당했다. 펜이 중도 확보가 관건이라고 본 또 다른 이유는 상대 후보가 트럼프이기 때문이었다. 트럼프에 대한 우려나 공포 때문에 진보 유권자들이 다른 선택을 하기 어렵다는 판단이다.

중도를 잡기 위해 민주당과 이재명 대표가 우선 빼 든 카드는 감세다. 이미 실행한 종부세 개편, 금융투자소득세와 가상 자산 과세 유예 등에 더해 최근엔 상속세의 공제 한도 상향도 추진 중이다. 부동산 가격 폭등에 따른 세 부담 증가, 청년층의 박탈감을 지난 대선에서 0.73%p 차이로 석패한 원인으로 보는 탓이다.

권력의 사유화를 경계해야 한다

그런데 중도를 잡기 위해 민주당이 풀어야 할 뜨거운 감자는 '권력의 사유화' 문제다. 윤석열 대통령의 인기가 처음부터 바닥을 긴 가장 큰 이유도 권력의 사유화에 있었다. 그 권력 사유화의 정점이 불법 계엄이다. 일각에서 제기하는 개헌론의 문제의식도 권력의 사유화를 제도적으로 차단하자는 데 있다. 이재명 대표의 '강한' 리더십도 권력의 사유화 측면을 여러 차례 드러냈다. 대표적으로 지난 총선 공천에서 이 대표는 비명계 의원들을 주도면밀하게 솎아 냈다. 사법 리스크를 방어하기 위해 국회와 당을 방패로 쓴 것도 필요 여부를 떠나 권력 사유화의 사례로 읽힌다.

정치적·제도적 솔루션이 필요하다. 정치적 해법으로는 두 가지가 핵심이다. 우선 연정이다. 연합 정부에서는 사유화가 제약될 수밖에 없다. DJP 연합이 유용한 레퍼런스다. 연정까지는 안 되더라도 최소한 통합 정부는 필수다. 뭐든 행정부 내 권력 분산과 견제를 위해 국무위원 추천권 등 헌법상의 총리 권한을 인정하는 책임총리 또는 실권총리의 존재가 중요하다. 이를 위해 총리의 지위와 권한을 규정하는 법안을 제정하면 사유화에 대한 우려가 확실하게 줄어들 것이다.

다른 하나는 당내 거버넌스의 재편, 즉 '반대 정파 opposition faction'의 용인이다. 윤 정부에서의 국민의힘처럼 여당이 대통령의 푸들이 되면 권력의 사유화는 갈수록 깊어진다. 권력의 총량으로 보면 이재명 정권이 윤석열 정권보다 훨씬 크고 세다. 민주당의 국회 의석은 압도적이다. 하기에 따라선 무소불위의 제왕적 대통령으로 군림할 수 있다. 진보층이야 자신들이 지지하는 진보 어젠다를 강하게 밀어붙일 토대로 생각하겠지만 중도에겐 상당한 우려 요소가 될 수 있다. 국민의힘도 대대적인 공포 마케팅에 나설 것이다.

따라서 이런 우려를 불식시키려면 여당 내에서 야당 역할을 하는 집단을 인정해야 한다. 압도적인 표차로 승리하고 과반 의석을 가진 이명박 정부에 대한 견제는 야당이 아니라 여당 내 반대 정파, 즉 친박이었다. 이들은 대통령이 강하게 밀어붙이던 세종시 수정 법안을 야당과 함께 부결시키기도 했다. 프랭클린 루스벨트 미국 대통령이 밀어붙이던 법원 개혁안도 여당인 민주당의 반대로 접어야 했다. 비명 정치인들이 중요 역할을 맡을 수 있도록 당내 거버넌스를 바꿔야 한다.

권력 분산의 제도적 조치들도 필요하다. 개헌안은 대통령 파면 뒤 대선 공약으로 제시하더라도, 권력을 나누는 입법 조치들은 선거 전에 마무리해야 한다. 우선 윤 대통령이 사유화했던 검찰과 감사원의 개혁이 필요하다. 감사원은 정책 감사를 못 하도록 법에 명시하고, 검찰은 기소와 수사의 분리 등 대대적으로 개편해야 한다. 정권이 교체될 경우 국민의힘이 검찰에 의한 사정을 두려워하는바 지금이야말로 검찰 개혁의 적기다. 방송법 개정도 중요하다. 예산 등 재정권력도 민주화해야 한다.

 내려놓고, 나누고, 함께하는 것이 바로 최고의 승리 전략이다.

_2025년 2월 28일

2부

윤석열 정부와 검찰 공화국은 어떻게 몰락했는가

민주주의자가 아니거나 민주주의를 모르거나

도대체 무슨 생각일까? 2022년 인수위 때부터 줄곧 풀리지 않는 의문이다. "대통령 임기 5년이 뭐가 대단하다고, 너무 겁이 없다." 이 말을 한 그가 대통령이 되더니 겁이 없어도 너무 없다. "사람에게 충성하지 않는다"고 해 놓고 자신에게 무조건 복종하지 않으면 가차 없이 내친다. "검사가 수사권 가지고 보복하면 그게 깡패지 검사냐?" 이렇게 일갈했던 사람이 언제 그랬냐는 듯 검찰 수사를 통한 보복에 여념이 없다. 왜 이러는 걸까?

기디언 래크먼Gideon Rachman은 자신의 책 《더 스트롱맨》에서 민주주의를 위협하는, 아니 무너뜨리는 지도자를 스트롱맨이라고 개념화했다. 스트롱맨은 개인화된 통치 방식으로 국가를 이끌고, 법과 제도보다 자신의 본능을 앞세운다. 스트롱맨에게 법은 지켜야 할 대상이 아니라 반대파를 탄압할 때 사용하는 정치 무기일 뿐이다. 이 특징을 설명하면서 래크먼은 스탈린 시대 비밀경찰의 수장이었던 라브렌티 베리야의 발언을 소환한다. "누군지 알려 주면, 내가 그 사람의 범죄를 찾아내겠다." 스트롱맨은 비판 언론을 극도로 싫어하고 통제하려 한다. 지금 우리가 겪고 있는 바로 그 퇴행적 현상들이다.

알다시피 윤석열 대통령은 스타 검사 출신이다. 수사를 통해 세상을 바꾸자 하는 특수부 검사, 그가 자랑스러워하는 정체성이다. 그래서일까? 그는 '정의 중독'에 중독되어 있다. 게다가 특수 수사를 할 때 으레 겪어야 했던 외압과 구명 로비의 경험으로 인해 원하는 성과는 숱한 반대와 저항을 뚫고 정면 돌파할 때 얻어진다는 믿음, 일종의 헤라클레스 콤플렉스에 빠져 있는 듯하다. 매사를 선악의 대결로 보는 세계관을 갖고 있으니 그에게 타협과 양보는 금기다.

문제는 이런 '만들어진 캐릭터'가 민주주의에 어떤 영향을 미치느냐 하는 것이다. 사실 제도나 문화가 이런 성격이나 품성을 제어할 수도 있고, 반대로 증폭시킬 수도 있다. 그럼 제도 탓일까? 아니면 문화? 흔히 '제왕적 대통령제'라는 표현을 쓰곤 하는데 대통령의 권력이 지나치게 센 건 맞다. 최근 우리가 실감하고 있듯이 대통령이 검찰과 경찰 등 사정 권력으로 겁박하는 걸 보면 '제왕적'이란 수식어조차 부족해 보인다.

한국의 대통령은 제왕이 아니다

그런데 제도적 권한으로 보면 한국의 대통령은 제왕적이지 않다. 단적으로, 미국 대통령의 행정명령executive order이나 브라질 대통령의 포고령decree 같이 국회의 교착 상태를 돌파할 수 있는 수단이 없다. 한국의 제왕적 대통령 현상은 대통령이나 행정부의 행정 입법인 시행령에 대한 재량권 행사에 입법 통제 혹은 사법 통제가 어렵고, 검찰이나 국정원 등 권력 기관의 선별적 동원에 대한 견제가 어려울 때 가능하다.(박용수, 〈한국의 제왕적 대통령론에 대한 비판적 시론〉) 따라서 제도나 권력의 편법적 활용, 비공식적 관행이 엄연한 건 사실이나 그것만으로 윤 대통령의 황제 놀음을 온전히 해명하기 어렵다.

2017~2022년의 제7차 세계가치조사World Value Survey에 따르면, 우리나라는 '의회나 정당에 의해 견제되지 않는 강한 리더'에 대한 선호가 이례적으로 높은 나라다. 조사 결과 한국의 긍정 답변은 약 67%인데, 미국의 38%나 독일의 24%에 비해 압도적으로 높은 수준이다. 이런 정서가 대통령을 제왕처럼 행세하게 만드는 요인이라는 해석도 가능하긴 하다. 그런데 이 수치는 1990년대 중반 조사의 31.7%에서 20여 년 만에 2배 넘게 늘어난 것이다. 민주화 이후 겪는 혼란에 대한 반작용, 민주주의에 익숙해져 가는 적응 비용 등의 반영으로 봐야 한다. 따라서 문화적 접근은 틀렸다. 다만, 흔히 조폭에 비유하는 검찰 문화를 거론할 순 있겠다.

문화나 제도적 영향보다는 대통령을 비롯한 주요 정치 행위자들의 민주주의, 특히 의회에 대한 생각이 매우 중요하다. 의회주의는 루소의 일반 의지나 추상적인 민족정신 또는 국민 의사처럼 단일한 그 무엇이 아니다. '인민의 의지는 알기 어렵다는 것을 전제하고, 여러 관점을 지닌 정치 세력들이 이성을 바탕으로 숙의해 인민의 의지를 알아가고 형성해야 한다는 입장이다.'(권형기, 〈포스트나치 독일의 민주주의〉) 윤석열 대통령이 엿장수 마음대로 권력을 휘두를 수 있는 이유도 제왕적 제도나 권위주의 문화가 아니라 그의 민주주의관, 즉 민주주의에 대한 인식에서 찾는 게 합리적이다.

민주주의를 어떻게 정의하든 결국 민民이 주主라는 얘기다. 공직자는 싫든 좋든, 옳든 그르든 국민의 뜻을 존중하고 따라야 한다. 그 뜻을 읽는 지표로는 흔히 여론 조사가 활용된다. 그런데 조사 기법을 핑계로 불신하거나 역사와의 대화 운운하며 일희일비하지 않겠다는 대통령의 태도도 가당찮지만, 많이 양보하면 그러려니 할 수 있다. 하지만 선거로 드러난 민심까지 거부해선 안 된다. 선거 결과를 부정하면 민주주의는 작동할 수 없다. 아니, 무너진다. 현실적으로 국민이 늘 주권을 행사할 수 없으니 그 권한을 의회에 위임해 놓는 것이 대의제 민주주의, 다른 말로 의회 민주주의다. 대통령은 국민을 대표하고 대신하는 의회에 성실하게 보고하고 설명해야 한다.

윤석열은 스트롱맨을 꿈꾸는가

윤 대통령이 대통령으로서 보여 주는 모습을 보면 이런 결론이 불가피하다. 그는 민주주의자가 아니거나 민주주의를 모른다! 스트롱맨, 레제프 타이이프 에르도안이 이런 말을 했다. "민주주의는 트램과 같다. 목적지에 도착할 때까지는 그 안에 타고 있어야 한다." 도착, 즉 대통령이 된 후 윤 대통령은 트램에서 내렸다. 국민이 요구하든 의회가 견제하든 전혀 아랑곳하지 않는다. 공적 마인드는 품절이고 메타인지는 사치다. 그에게 비판과 견제는 개구리 낯짝에 물 붓기에 불과해 보인다.

윤석열 대통령의 생각을 미루어 짐작하건대 그는 샤를 드골이나 마거릿 대처를 추종하는 듯하다. 헨리 키신저는 책 《리더십》에서 드골의 리더십을 의지의 전략으로, 대처의 그것을 신념의 전략으로 표현했다. 드골은, 프랑스의 쇠퇴는 의회와 정당에 기초한 분파적 갈등 때문이므로 대통령이 단일한 인민의 의지를 구현해야 한다고 생각했다. 드골과 그를 따르는 추종자들의 이런 생각 때문에 프랑스는 민주주의 후퇴와 정치 불안을 한동안 겪어야 했다. 대처는 '사회 같은 것은 없다'며 영국의 신자유주의적 재편을 거칠게 밀어붙였다. 오늘날 영국이 겪고 있는 정치적 혼란과 국가적 쇠락은 대처로부터 비롯된 측면이 적지 않다. 그래서 윤 대통령의 생각이 두렵고, 그의 행보가 걱정된다.

래크먼에 따르면, 스트롱맨이 처음 등장할 때 많은 사

람이 속았다고 한다. 그를 개혁가로 오인했다는 얘기다. "스트롱맨 지도자를 처음에 자유주의 개혁가로 오인하는 일은 하나의 패턴이다." 튀르키예의 에르도안이 처음 집권했을 때 《뉴욕타임스》는 민주적 다원주의를 지지하는 이슬람 정치인으로 묘사했다. 시진핑에 대해선 그가 다시 경제 개혁에 박차를 가하고 어쩌면 정치적 긴장도 완화할 수 있을 것으로 예측했다. 블라디미르 푸틴에 대해 아들 조지 부시 전 대통령은 신뢰할 수 있는 지도자라고 했고, 게르하르트 슈뢰더 전 독일 총리는 심지어 민주적 지도자라고까지 평가했다. 푸틴, 시진핑, 에르도안은 전형적인 스트롱맨이다. 2020년대를 살아가는 우리도 폭싹 속았다.

2024년 8월 25~27일 실시한 《시사인》의 여론 조사에 흥미로운 대목이 있다. 2007년 조사 이후 처음으로 국가 기관 신뢰도 조사에서 대통령실이 국회에 뒤졌다. 10점 만점에 대통령실은 2.75, 국회는 3.38을 기록했다. 박근혜 대통령의 최고점 5.72나 문재인 대통령의 5.86에 비하면 한참 바닥이다. 그래서 심리적 탄핵이란 말까지 나온다. 하지만 그는 오불관언이다.

_2024년 9월 27일

역대 이런 대통령도, 이런 영부인도 없었다

정치의 수준에 가장 강한 영향을 미치는 행위자는 대통령이다. 그 대통령이 정치, 그 너머 민주주의까지 퇴행시키고 있다. 윤석열 대통령은 선거 결과나 여론 조사에 아랑곳하지 않고, 당의 일에 수시로 개입하고, 야당과 국회를 대놓고 무시한다. 역대 이런 대통령은 없었다. 그런데 현 정부 들어서는 '뉴 액터new actor'가 새롭게 등장했다. 대통령 배우자다. 윤 대통령 못지않게 특이하다. 지금까지 그 어떤 대통령 배우자도 여당의 대표와 직접 소통하며 정무적 사안을 논의하고, 부적절한 선물 등으로 검찰 수사와 야권의 특검 공세에 직면하지 않았다. 역대 이런 대통령 배우자는 없었다. 언필칭 전대미문이다.

역사를 보면, 최고 권력자의 배우자가 강한 권력 의지를 드러낸 경우가 적지 않다. "내가 당신에게 바라는 것은 어떤 일을 결정하기 전에 항상 내게 먼저 얘기하고, 내가 그것에 관해 적절한 조언을 할 수 있는 시간을 주었으면 하는 거예요." 부인 클레멘타인이 남편 처칠 수상에게 한 말이다.

"나는 만약 어떤 문제가 생기면 그녀에게 가장 먼저 연락해야 한다는 걸 알았죠. 왜냐하면 그녀는 어떤 방법을 쓰든 결국 알아내고 말거든요. 만약 그녀를 따돌렸다간 끝장날 수 있죠. 그녀는 모든 걸 다 알고 싶어하니까요." 레이건 대통령의 참모가 영부인 낸시를 두고 한 말이다.

어라, 그럼 우리만 유난 떠는 것이려나. 으레 대통령 배우자는 권력에 개입하고 국정에 참여하는데 우리가 몰랐던 것일까? 미국의 대통령과 영부인의 관계, 행태를 탐구한 케이티 마튼Kati Marton이 이런 얘기를 했다.

"정치가로 성공하려면 야망과 체력만으로는 되지 않는다. 권력과 지위로 인해 고립된 자신을 현실 세계와 연결시켜 줄 믿음직한 파트너가 필요하다. 자신의 은밀한 두려움과 불안감을 마음 놓고 털어놓을 수 있고, 권력을 향한 과도한 욕망까지도 드러내 보일 수 있는 절대적으로 믿을 만한 사람이 필요한 것이다."

그 파트너로서 배우자만 한 존재가 없다.

이런 말도 덧붙였다. "자신만만한 대통령들은 대체로 자기 아내를 존경할 뿐만 아니라, 아내에게 개인적·정치적 조언을 구하고 귀 기울여 들었다. 대통령 부인의 '숨은 권력hidden power'은 국민에게 두려움의 대상일 수도 있다. 하지만 파트너도 없이 대통령이 공적·사적 업무를 수행하길 기대하는 것은 비현실적인 생각이고 합리적이지도 않다."

그렇다. 역대 대통령의 부인은 정도의 차이만 있을 뿐 대부분 히든 파워였다. 대통령 배우자의 숨은 역할, 현대 민주주의가 직면한 딜레마 중 하나다.

대통령의 동료 선수가 된 퍼스트레이디

한창 진행 중인 미국 대선에서 민주당 바이든의 대안 후보로 거론되는 인물이 오바마 전 대통령의 부인 미셸이다.

"미국의 퍼스트레이디first lady에게 주어지는 지침서 같은 것은 없다. 엄밀히 말해서 퍼스트레이디는 직업이 아니고, 정부의 공식 직함도 아니다. 연봉도, 정해진 의무도 없다. 대통령에게 딸린 사이드카 같은 자리일 뿐이다." 미셸의 말이다. 백악관에 들어간 뒤 퍼스트레이디의 상을 바꾼 탓에 찬사와 비난을 동시에 들었던 힐러리를 만나 어떻게 처신하면 좋을지 물었다. 아픈 경험 탓인지 힐러리의 메시지는 간명했다. '유권자들이 선출한 것은 남편이지 내가 아니며, 웨스트윙에 퍼스트레이디의 자리는 없다.' 미셸은 그 충고에 따라 정무에 직접적으로 혹은 노골적으로 끼어들지 않으려고 각별히 주의했다. 예컨대, 이런 일이 있었다. 오바마가 빈 라덴에 대한 얘기를 했다.

"그가 어디 있는지 알아낸 것 같아 쳐들어가서 잡을 수도 있겠지만, 아직은 아무것도 확실하지 않아." 미셸은 궁금했으나 더 캐묻거나 자세히 설명해 달라고 다그치지 않았다. 오바마는 높은 인기 속에 퇴임했고, 미셸은 워너비가 됐다.

물론 모두가 미셸처럼 하진 않았다. 반대의 경우도 많다. 압권은 남편을 대신해 국정을 대행한 경우다. 윌슨 대통령의 부인 이디스 얘기다. 이렇게 된 데에는 윌슨의 책임이 컸다. 재임 중 이디스와 재혼한 윌슨은 결혼 전부터 이디스를 통찰력 있는 조언자로 예우하면서 국정에 참여시키고자 애썼다. 에피소드 하나, 국무장관이 말을 듣지 않는다고 윌슨이 투덜대자 이디스는 경질을 권했다. 그러면서 자신이 그 자리에 임명되고 싶다는 얘기도 했다. 와우! 윌슨에게는 세 명의 사생 참모가 있었다. 윌슨이 자신의 또 다른 자아라고 평가한 에드워드 하우스, 오랜 측근 조지프 투멀티, 사위 윌리엄 맥아두가 그들이었다. 안 그래도 이디스가 이들에 대한 대통령의 신임을 질투하던 차에 이들이 재혼에 반대하고 나섰다. 재선에 미칠 악영향 때문이었다. 기다렸다는 듯 이디스는 베갯잇 송사로 이들을 윌슨으로부터 떼어 냈다. 마침내 이디스는 윌슨의 정서적 동반자이자 정치적 파트너가 됐다. 이디스는 거의 모든 회의에 참여했다.

"저는 당신이 소중한 한 손을 제게 올려놓고 다른 한 손으로는 역사의 페이지를 넘기는 그런 방식을 사랑해요."

이디스의 고백이다. 이쯤에서 자연스레 누군가 떠올려진다.

그러던 차에 윌슨이 심장마비로 쓰러졌다. 1919년 9월부터 거동이 어려웠고, 하루에 겨우 몇 분만 주의를 집중할 수 있었다. 그때 이디스는 주치의와 짜고 핵심 참모들이 아예 접근조차 못하게 차단하고 내각과 의회와 국민을 속였다. 그로부터 1921년 3월 4일 물러날 때까지 무려 18개월 동안 이디스가 실질적 대통령이었다. 그동안 윌슨이 열망하던 국제연맹도 좌초했다. 미국뿐 아니라 윌슨에게도 비극이었지만 이디스는 덕분에 역사에 이름을 남겼다. 역대 최강의 퍼스트레이디! 그녀는 비밀 대통령secret president으로 불리었고, 정부는 치맛바람 정부petticoat government로 묘사됐다.

대통령의 감독이 된 퍼스트레이디

남편을 대통령으로 만들고 취임 후에는 감독 역할을 한 배우자도 있다. 바로 낸시 레이건이다. 레이건의 평생 측근 마이클 디버에 따르면, 낸시가 없었다면 레이건은 대통령이 되지 못했을 것이다. 퇴역한 이류 배우의 두 번째 부인으로서 그녀는 레이건을 캘리포니아 주지사와 대통령으로 만들어 냈다. 이런 지분이 있었기에 낸시는 이디스 이후 가장 강한 영향력을 발휘한 퍼스트레이디가 될 수 있었다. 낸시에겐 사람 보는 눈이 있었다. 레이건 옆에 최고의 참모들을 골라 앉혔고, 문제 있는 참모들은 가차 없이 쳐냈다. 그래서일까? 레이건은 낸시를 나의 전부, 나의 영혼을 구해 준 여인으로 불렀다. 부인 김건희에 대한 대통령 윤석열의 사랑이 이럴까?

　이디스와 달리 낸시는 국무 회의에 참석하지도 않았고, 대통령 집무실이 있는 웨스트윙에 모습을 드러낸 적도 없었다. 그는 전화를 통해 일일이 간섭했다. 레이건의 피격 사고 뒤 낸시가 참모들에게 석 달치의 대통령 일정을 미리 알려달라고 했다. 점성술사에게 불길한 날들을 물어보겠다는 게 이유였다. 외교도 참견했다. 레이건이 악의 제국으로 직격한 소련Soviet Union의 지도자가 고르바초프로 바뀌자 낸시는 남편을 설득해 적극적인 대화에 나서게 했다. 반대하던 국가안보보좌관은 아예 잘라 버렸다. 대통령의 배우자가 냉전의 교착 상태를 깨는 정책 전환을 주도한 셈이었다. 모스크바 방문 때는 광장을 걸으면서 시민을 만나자는 자신의 제안을 경호팀이 반대했으나 낸시는 일축했다. 행사장에 도착하자마자 차에서 내려 남편과 함께 거리를 활보했다. 시민들은 환호했다.

　대통령 배우자의 역할에 대해선 현실적인 시각이 필요하다. 아무것도 하지 말고 쥐 죽은 듯이 가만히 있으라는 주문은 비현실적이다. 누가 그러겠나. 오죽하면 마튼이 이렇게 결론을 내렸으랴. "사실 공과 사를 혼합하는 일은 대통령 부부들에게 있어 일종의 규칙이었다. 남편이 대통령이면 아내도 대통령이다."

　그럼 다 용인? 아니다. 분명한 사실은 배우자는 선출된 권력이 아니라는 것이다. 스스로 자제하고, 제도적으로 통제해야 한다.

_2024년 7월 19일

미국의 공동 대통령이었던 퍼스트레이디들

미국에선 대통령의 부인을 '퍼스트레이디'로 부른다. 이 칭호는 1877년 헤이스 대통령 취임식 때 한 언론사가 사용하면서 대중화됐다. 역사상 가장 유명한 퍼스트레이디는 빌 클린턴 대통령의 부인 힐러리다. 힐러리는 힘이 아주 셌다. 클린턴과 더불어 공동 대통령co-president으로 불릴 정도였다. 클린턴 부부가 처음 공직을 시작할 때부터 그들은 권력을 공유했다. 아칸소 주지사 시절 힐러리는 교육과 건강 보험 파트를 책임졌다. 남편에게 대통령 출마를 권유한 이도, 선거 운동을 사실상 주관한 이도, 임기 초반 국정 운영이 난맥상을 보일 때 중심을 잡아 주는 이도 힐러리였다. 주지사에서 낙선했을 때, 대통령이 되고 2년 뒤에 치른 중간 선거에서 패하고 단임 대통령으로 끝날 위기에 빠졌을 때, 고용된 총잡이hired gun 딕 모리스를 불러들여 재선에 성공하도록 한 이도 힐러리였다. 오죽하면 대통령 당선 후 언론에 이렇게 말했으랴. "이 나라는 클린턴 부부에게 투표했다." 그는 선출된 부부 대통령의 일원이라고 생각했다. 힐러리는 행정부와 한 몸이었다.

윤·김 부부는 클린턴 부부를 벤치마킹하나

기존의 퍼스트레이디와는 달라도 너무 다른 모습이다. 존 로버츠John Roberts에 따르면, 힐러리는 백악관 서관에 사무실을 마련하고 백악관 정책 회의에 참석했다. 내각과 백악관 참모진 구성을 주도했고, 대통령을 비롯해 그의 참모들과 정책이나 전략을 논의했다. 대통령에 맞서기도 했고, 참모들에게 질문하고 제안하고 거부권도 행사했다. 그는 명실공히 공동 대통령으로 일했다.(《위대한 퍼스트레이디 끔찍한 퍼스트레이디》) 처음엔 정책수석비서관을 맡을 생각도 했으나 여론 조사 결과가 나빠 접었다. 대신 클린턴 대통령의 시그

니처 공약인 건강 보험 개혁의 책임을 공식적으로 떠맡았다. 취임 초 우왕좌왕할 때 참모진들을 모아 놓고 호통을 치고 기강을 잡는 역할도 힐러리의 몫이었다. 밥 우드워드의 책(《The Agenda》)에 나오는 내용이다.

힐러리는 클린턴의 대들보였다. 국정의 거버넌스는 클린턴과 힐러리의 공동 지도 체제였다. "내가 아는 클린턴은 매일매일 부인의 감성적인 동의를 필요로 하는 사람이었다. 그는 항상 힐러리에게 의지했으며, 그녀에 관해 얘기했고, 마치 그녀가 지브롤터의 바위라도 되는 양 행동했다. (…) 힐러리가 닻이면, 클린턴은 돛이었다. 그녀는 전략가였고, 그는 전술가였다. 그는 외향적이었고, 그녀는 내향적이었다. 그녀는 클린턴에게 백악관을 얻게 해 주었고, 그는 힐러리에게 권력을 주었다."(데이비드 거겐) 이런 대통령 부부가 우리보다 미국에 먼저 있었다.

논란은 불가피했다. 힐러리에게 쏟아진 비판은 거칠고 드셌다. 누군가 힐러리에게 이런 말을 했다고 전해진다. "나는 내 딸이 당신처럼 자랐으면 좋겠어요. 하지만 내 마누라가 그렇게 되는 것은 정말이지 싫습니다." 반전이 필요했다. 건강 보험 개혁 실패, 중간 선거 패배 후 힐러리도 생각을 바꿨다. 공개적 개입을 자제하고, 전통적으로 퍼스트레이디들이 해 오던 롤모델을 받아들였다. 아이들 영양 문제, 세계 인권 문제에 집중했다. 힐러리에 대한 비난은 수그러들었고, 1996년 클린턴은 재선에 성공했다.

윤석열·김건희 부부가 혹시 클린턴 부부를 벤치마킹하고 있다는 의심이 든다. 힐러리처럼 그도 킹메이커이자 정치 파트너로서 국민이 그들 부부에게 권력을 위임해 줬다고 생각하는지 궁금하다. 'V0, 막후 대통령'이란 풍문마저 들려서… 마음속으로 공동 대통령의 1인이라고 자부하는지는 진짜 궁금하다. 그렇다면 많은 것이 설명되기 때문이다. 혹시나 하는 노파심에서 충고하건대 행여 그런 생각이 1이라도 있다면 당장 접어야 한다. 그건 헌법 위반이다. 우리 헌법 어디에도 공동 대통령에 관한 조항은 없다.

아니면 카터 부부를 벤치마킹하는가

"처음부터 그들은 서로에게 전부인 존재로 친구이고 연인이자 사업 파트너였고, 나중에는 정치적 파트너가 되었다."(마튼) 대통령 카터와 그의 부인 로절린 얘기다. 카터가 대통령이 되는 과정을 도왔던 측근에 의하면 로절린은 남편보다 더 타고난 정치인이었다. 카터는 그런 부인에게 전적으로 의존했다. 사교적이지 않아 친구가 거의 없는 데다, 정치적으로 가장 좋은 일을 가장 멀리할 정도로 도덕주의자적인 카터에게 로절린은 모든 계획을 터놓고 상의하는 베스트 파트너였다.

놀랍게도 1978년 6월 로절린은 대통령 특사로서 해외 순방에 나섰다. 본인은 방대한 보고서를 읽는 등 의욕적으로 준비했으나 내각과 국회는 못마땅해했다. 이에 대해 그는 이렇게 쏘아붙였다. "나는 이 세상의 어느 누구보다도 미국 대통령과 더 가까워요." 카터와 로절린은 주중에 점심을 정기적으로 같이 하며 중국이나 중동과의 관계 정상화나 파나마 운하 문제 등 외교 현안들을 논의했다. 도대체 왜 카터는 그렇게 했을까? 그의 대답이다. "내가 몹시 풀이 죽어 귀가했을 때, 아내는 내가 하는 말을 그저 한두 마디만 듣고도 날 빤히 바라보며 내가 이런저런 문제를 안고 있다고 지적해요. 문제의 배경에 대해 그녀는 충분히 알고 있기 때문에, 두어 시간씩 설명할 필요가 없습니다." 왠지 다른 나라 이야기로 들리지 않는다.

로절린은 국무 회의도 참석했다. 회의실 뒷자리에 앉아

토의 내용을 조용히 메모했다. 전례 없는 행동이었으니 논란이 따르는 건 당연했다. "내가 국무 회의에 참석하지 않으면 모든 일에 대해 남편과 현명하게 토론할 방법이 없잖아요." 그에게 국무 회의 참석은 그저 대통령을 돕고자 하는 선의에서 비롯된 충정이었을 뿐이다. 거센 비판이 일어났지만 로절린은 태연했다. 훗날 이렇게 회고했다. "난 그깟 비난 때문에 국무 회의에 참석하는 일을 그만둘 생각은 결코 하지 않았어요. 10년 넘는 정치 활동을 통해서 난 내가 무슨 일을 하든 비난받게 된다는 걸 알았죠. 그럴 바에야 내가 하고 싶은 것을 하면서 비난받는 편이 낫다고 생각했어요. 내가 만약 하루 종일 '차를 따르며' 보낸다면, 난 그것 때문에 또 비난받게 될 거예요."(《숨은 권력자, 퍼스트레이디》)

우리나라에서 영부인을 국무 회의에 참석하게 하거나 대통령 특사로 삼아 해외 순방에 나서게 할 만큼 대통령이 용감해지긴 어렵다. 당장 언론이 난리를 피울 테고, 탄핵 얘기도 나올 수 있기 때문이다. 물론 그렇다고 아주 마음이 놓이는 건 아니다. 윤석열 대통령 취임 이래 별의별 소문이 다 있었다. '윤석열 대통령보다 김건희 여사의 정치 감각이 더 뛰어나다.' '대통령보다 영부인이 더 세다.' 그런데 만약 영부인이 드러나지 않게 조용히 조언하고, 대통령을 통해 자기 생각과 판단을 관철한다면 무슨 수로 막으랴. 게다가 그건 그들의 부부권에 해당하는 일이다. 카터도 자신의 빛나는 업적으로 꼽는 캠프 데이비드 평화 협상을 자신과 부인의 공동 업적으로 여겼다.

대통령 부부의 유니버스는 참 오묘하단 생각이 절로 든다. 상상 그 이상이다. 그들의 얘기를 듣다 보면 지금 우리가 너무 호들갑 떠는 건 아닌가 하는 착각마저 들게 할 정도다. 그런데 분명한 사실이 있다. 대통령은 하나다. 영부인이 국정에 직접 개입할 법적 근거는 어디에도 없다. 위험한 사실도 있다. 그가 누구든 선출 또는 임명되지 않은 사인의 국정 개입은 박근혜 대통령 탄핵 근거의 일부였다. 당시 헌재는 "사인의 이익을 위해 대통령이 권한을 남용했다"고 판시했다. 그들에겐 쇠귀에 경 읽기겠지만.

_2024년 8월 2일

제왕적 대통령을 제어할
비토 플레이어, 여당

허탈하고, 허망하다. 대통령 하나 바뀌었는데, 어떻게 이토록 엉망이 될 수 있을까. 피로 얻어 내고 땀으로 쌓아 올린 민주주의가 한 사람 때문에 맥없이 망가지고 있다. 제도든 관행이든 도무지 속수무책이다. 그 무엇도 그의 폭주를 막지 못하고 있다. 야당에 절대 의석을 줘도, 여론 조사가 바닥을 기어도 달라지지 않는다. 워낙 막무가내여서 약이 오르고 화가 난다. 2024년 10월, 한 사람의 시민으로 느끼는 소회다.

우리도 그렇지만 미국이 겪고 있는 혼란과 퇴행을 보면 어쩔 수 없이 대통령제의 약점에 대해 주목하게 된다. 대통령에게 제왕적 권력을 허용한 탓 아닐까 하는 문제의식이다. 사실 민주주의 질, 국민의 삶이 과도하게 대통령에게 달려 있다. 그런데 흔히 내각제로 불리는 의회제도 크게 다르지 않다. 과거와 달리 요즘엔 총리의 권한 또는 역할이 거의 대통령에 버금간다. 영국 노팅엄대학 정치학 교수인 수 프라이스Sue Pryce는 이를 '총리직의 대통령화presidentializing the premiership'로 표현한다. 영국의 마거릿 대처나 헝가리의 빅토르 오르반이 대표적이다. 결국 제도보다 사람이 문제다. '제도' 민주주의가 아니라 '사람' 민주주의가 포인트다.

대통령제의 부담과 한계, 그리고 견제

우리는 습관적으로 대통령에게 너무 많은 기대와 부담을 지운다. 이래저래 대통령이 해답이고, 이러쿵저러쿵 대통령이 문제다. 제임스 바버James Barber라는 정치학자가 리처드 닉슨 대통령의 몰락을 예견한 적이 있다. 그렇게 본 이유는 대통령의 성격 때문이었다. 그는 대통령의 성격을 긍정적-부정적, 적극적-소극적으로 나누고 이 요소들의 조합에 따라 리더십 유형을 분류했다. 닉슨 대통령은 적극적-부정적 성격으로 인해 강박적 리더십을 지니게 되었고, 그로 인해 몰락할 수밖에 없으리라는 예측이었다.

미국의 역대 대통령 중에서 가장 높은 평점을 받은 1그룹에 속하는 프랭클린 루스벨트 대통령의 성공과 관련해 유명한 얘기가 있다. 올리버 웬들 홈스 주니어 대법관이 루스벨트에 대해 "지성은 이류지만 기질은 일류second-class intellect but a first-class temperament"라고 평했다. 성격이든 기질이든 대통령이 어떤 품성을 가지고 있느냐는 그의 성공에 매우 중요하다. 그 직의 무게를 감안하면 한 나라의 운명과 국민의 삶에도 심대한 영향을 미친다.

함께 제2차 세계 대전을 승리로 이끈 영국의 윈스턴 처칠이 노벨문학상을 받은 작가답게 루스벨트에 대해 멋들어지게 말한 적이 있다. "넘치는 생기와 활력, 유연한 성품, 그리고 숭고한 확신, 그 모든 것으로 가득 차 있는 루스벨트를 만난 일은 내게 첫 샴페인 병을 따는 것처럼 결코 잊을 수 없는 경험이었다."(도리스 컨스 굿윈) 좀 과하게 표현하면 문제는 성격이다. 지성이나 능력은 그다음이다.

현대 대통령 연구의 아버지로 평가받는 학자가 리처드 뉴스타트Richard E. Neustadt다. 그에 따르면, 대통령 권력은 명령하는 힘이 아니라 '설득하는 힘power to persuade'이다. 그는 대통령 권력 자원을 세 가지로 제시한다. 우선 대통령직이 갖는 제도적 권한과 권위가 있다. 이는 대통령이라면 누구나 누리는 고유한 이점들이다. 그런데 정작 성패를 가르는 요인은 나머지 두 가지다. 하나는 대통령의 정치적 평판이고, 다른 하나는 대중적 지지다. 정치적 평판은 정당·언론 등 정치권에서 대통령을 어떻게 평가하는지의 차원이고, 대중적 지지는 국민적 평가다.

설득하는 힘도 개인적 자질에서 비롯된다. 뉴스타트는 목적의식, 권력 의지, 자신감을 거론하면서 이런 자질은 정치적 경험과 올바른 기질에 의해 형성된다고 말한다. 그리고 '이 두 변수가 궁극적으로 대통령의 정신적 자질을 형성한다. 그리고 이를 통해 자조 체제를 구축하여 올바른 결정을 하도록 이끄는 것'이다.(백창재, 〈미국 대통령의 권력자원과 리더십〉) 사회성과 공감 능력 등을 가진 대통령들은 성공하고, 강박감이나 아집 등을 가지면 실패하기 쉽다.

많은 것이 대통령에게 달려 있다. 때문에 그의 기질이나 성격으로 인해 혼란과 위기가 초래될 수 있다. 지금 우리가 직면하고 있는 현실이다. 대통령제가 가진 위기 해소의 방법은 의회의 견제를 통해 혼란을 수습하고 균형과 정상을 회복하는 것이다. 어떤 권력 구조든 민주정인 한 국민이 최고 권력자다. 따라서 국민이 투표를 통해 책임을 추궁하고, 시정을 명령할 수도 있다. 하지만 보다시피 의회의 견제(탄핵 등)나 국민 명령(총선)도 역부족이다. 시간만이 답일까?

제어를 못 하는 게 아니라 안 하는 것

루스벨트 대통령은 1932년 대선에서 승리한 뒤 대공황을 수습하기 위해 뉴딜 개혁을 강하게 밀어붙였다. 국민적 지지도 절대적이었다. 그런데 이런 노력에 대법원이 딴지를 걸고 나섰다. 주요 뉴딜 입법들에 대해 잇따라 위헌 판정을 내린 것이다. 첫 위헌 결정은 1935년 5월에 나왔다. 철도연금법에 대한 판결이었다. 이어서 전국산업부흥법, 농업조정법 등에 대해서도 위헌이라고 판정했다. 대법원이 사법 심사권을 무기로 뉴딜 정책에 제동을 걸고 나선 꼴이었다. 화가 난 대통령은 1936년 11월 대선에서 역대급 승리로 재선된 뒤 이를 동력으로 곧바로 대법원 쇄신에 나섰다. 1937년 2월 대법원 개혁court packing plan 법률안을 제출했다.

루스벨트가 먼저 고려한 방안은 개헌이었다. 그러나 그

절차가 너무 까다로워 포기했다. 대신 선택한 방법이 대법관의 수를 9명에서 최대 15명까지 늘리는 개혁안이었다. 당시 대법원은 보수 4명과 진보 3명에, 찰스 휴스 대법원장과 오언 로버츠 대법관이 사안에 따라 이쪽저쪽에 편들어 다수를 형성하는 불안정한 구도였다. 1921년 공화당의 워런 하딩 대통령에 의해 대법원장에 임명된 전직 대통령 윌리엄 태프트는 대법원을 보수화시켰는데, 1930년 그의 사망 뒤에도 대법원의 보수 기조는 바뀌지 않고 있었다.

대법원 개혁안은 의회에서도 그렇고 사회적으로도 엄청난 논란을 불러일으켰다. "남북전쟁 이래 어떤 문제도 이같이 가족, 친구, 그리고 동료 변호사들을 극도로 분열시켰던 것은 없었다." 당시 언론 기사의 한 대목이다. 결과적으로 이 개혁 시도는 성공하지 못했다. 여당이던 민주당에서 상·하원을 막론하고 반대하는 의원들이 속출했고, 이 법을 심사하던 중 상원의 민주당 원내 대표가 과로사하면서 사실상 폐기되었다.(김남균, 〈미국 사법심사제의 위기〉)

"민주당원이고 2회에 걸친 대통령 선거에서 루스벨트를 지지하였고 또 앞으로도 그가 옳다고 생각되는 경우에는 계속 지지할 것이지만, 국민의 자유와 권리를 박탈하려는 시도에는 반대할 것이다." 민주당 아서 필립 램넥 하원의원의 말이다. 이처럼 루스벨트가 국민적 지지를 등에 업은 채 개혁의 명운을 걸고 밀어붙였던 대법원 개혁안은 여당, 더 정확하게는 여당 내 일부의 반대로 좌초했다.

'아니요'를 통해 상황을 바꾸거나 흐름을 역전시킬 수 있는 행위자를 비토 플레이어veto player라 한다. 대통령에게 가장 무서운 비토 플레이어는 여당이다. 108석이란 여당 의석을 감안하면 단 8명의 의원이 뭉치면 대통령을 충분히 제어할 수 있다. 정치에서 흔히 계파 또는 정파로 불리는 일부 세력이 교착을 끊거나 변화를 추동할 수 있다는 얘기다. 그렇다. 국민의힘은 대통령 제어를 못 하는 게 아니라 안 하고 있다. 이게 숨겨진 진실이다.

여당이 굴종하는 이유는 탄핵 트라우마에 있는 듯하다. 2017년 탄핵이 낳은 재앙적 결과에 대한 학습으로 또 탄핵당하면 다음 대선 필패와 굴욕적 수세에 직면할 거란 두려움에 절어 있다. 지금처럼 대통령을 추앙하고 민심을 배척하면 탄핵도 막고, 대선에서도 승리할 수 있나? 대선 패배는 물론이고 제23대 총선에서 얼마나 살아남을 수 있으려나? 패배를 넘어 존폐를 걱정하게 될 수도 있다.

_2024년 10월 11일

한국 정치사에서 총리는 계륵인가, 보배인가

'비 오는 날의 나막신.'

조선의 마지막 영의정이자 최초의 총리대신을 지낸 김홍집에게 당대 사람들이 붙인 별명이다. 나막신은 비 오는 날 진 땅에서 신기 위해 나무를 깎아 만든 굽 높은 신발이다. 매우 유용하거나 요긴한 걸 뜻한다. 김홍집의 능력 때문에 붙여진 이름이겠지만, 이 별명이 어쩌면 우리 정치사에서 총리가 지니게 되는 슬픈 운명을 상징하는 것처럼 느껴진다. 있는 둥 없는 둥 하다가 비가 많이 올 때 대통령을 대신해 욕을 먹거나 책임을 지는 매 맞는 소년whipping boy이 바로 대한민국의 국무총리다.

밖에서 보면 총리는 그야말로 계륵이다. 먹기는 그렇고

남 주기도 싫은 계륵처럼, 완전히 무시할 수도 없고 그렇다고 딱히 그 존재감이 드러나지도 않기 때문이다. 그런데 안에서 보면 총리는 정부의 명운에 상당한 영향을 미친다. 총리가 정부의 성패를 좌우하는 건 아니지만 어떤 총리냐에 따라, 또는 총리가 어떻게 하느냐에 따라 국정의 모양이 많이 달라진다. 보기보다 매우 중요한 자리가 총리직이다. 대통령이 못해도 총리가 잘하면 최소한의 국정 안정은 유지할 수 있다.

한국 정치사 속
총리의 역할 변화

우리 헌법에서 정한 총리의 지위와 권한은 문언상 막강하다. 총리를 표현할 때 쓰는 일인지하 만인지상一人之下 萬人之上이란 표현이 말해 주듯 행정부의 '넘버2'다. 국무위원 제청권과 해임 건의권을 갖고, 내각 통할권도 있다. 국회의 동의를 얻어야 하기 때문에 정치적인 위상도 높다. 물론 제약도 붙어 있다. 헌법에 따르면 국무총리는 대통령의 '보좌' 기구에 불과하며 각 부처를 통할할 때도 "대통령의 명을 받아"

해야 한다. 대통령은 이 제약을 이용해 총리의 위상을 낮추고, 권한을 짓눌렀다.

널리 알려진 사실대로 처음 헌법을 만들 때 헌법기초위원회가 제시한 권력 구조는 내각제였다. 그런데 이승만의 반대로 급하게 대통령제로 바꾸면서도 국무총리직을 없애지 않고 다만 그 권한만 줄였다. 내각제파와 대통령제파가 타협한 결과였다. 대통령 1인 독재를 방지하고자 국무총리를 대통령 견제 장치로 삼으려 한 것이기도 하고, 서로 다른 정치 세력이 대통령과 국무총리 자리를 나눠 가져서 연합정치를 하라는 의도도 담겨 있다.(박혁,《헌법의 순간》)

이런 사정 때문에 제헌 국회에서 대통령이 국무총리를 임명할 때 국회의 동의를 얻어야 하는지를 두고 논란이 일어났다. 헌법 초안에 국회 동의 요건은 없었다. 표결 과정에서 수정안이 제기됐다. "국민의 의사에 합치하는 정치를 하려면 정부와 국회는 긴밀한 연계성이 있어야 하므로 국무총리의 임명을 대통령에 일임하지 않고 국회의 승인을" 받도록 하는 게 좋겠다는 게 이유였다. 헌법 초안을 작성할 때 전문 위원으로서 큰 역할을 한 유진오 박사도 이에 동의하고 나섰다. 국회와 정부의 관계가 "원만해지고 밀접해질 것", 즉 요즘 표현으로 협치의 제도적 통로가 될 수 있다는 기대 때문이었다.

　국회의 동의를 받도록 하는 것은 상당한 정치적 의미를 갖는다. 연세대학교 법학전문대학원 김종철 교수는 자신의 칼럼(《국무총리의 존재 이유》)에서, 정부 이인자의 임명에 국회 동의라는 족쇄를 채운 것은 대통령제의 구조적 문제 중 하나인 행정 독재라는 위험성, 그리고 의회와 정부 사이의 교착 상태를 해소하려는 한국형 민주공화제의 묘수라고 했다. 특히 여소야대에서는 이 동의 요건이 총리에게 상당한 운신의 폭을 제공할 수 있다. 대통령 마음대로 총리를 바꾸기 어렵기 때문이다.

　총리의 국무위원 제청권(제헌 의회에서의 용어는 제청이 아닌 '제천'이었다) 또한 허용 여부를 놓고 의견이 분분했다. 당시 김재학 의원이 이렇게 주장했다. "국무위원을 국무총리의 제천에 의해서 대통령이 임명한다면 그야말로 대통령은 허수아비요, 국무총리의 독재일 것입니다."(안도경 등, 《1948년 헌법을 만들다》) 국회 동의는 압도적 찬성으로 통과된 반면 제천은 부결되었다. 1952년 개정된 헌법에서 비로소 명문화된 제청권은 총리 독재 운운할 정도로 막강한 권한이다.

　헌법에 정해진 총리직은 초대 대통령 이승만에 의해 '비서실장' 정도로 격하됐다. 신우철 교수에 따르면, 이승만은 임시 정부 시절 대통령으로서 총리 이동휘와 권력 경쟁을 벌였던 경험의 학습 효과로, 강한 총리로 인해 대통령이 뒷방 영감으로 전락할 수 있다는 두려움이 있었다. "한국 사람들은 국무총리를 원하지 않고 있으며 의원들은 이에 반대할 것이오. 그러나 불만을 해소시키기 위해서 다만 대통령을 보좌하는 의미에서의 권한 없는 총리가 있을 수 있을 것이오." 이승만의 이 말처럼 역대 대통령은 총리에게서 권한을 빼앗아 버렸다.

이승만의 이런 태도 탓에 독립운동가로서 혁혁한 명성을 지닌 초대 총리 이범석조차도 "대통령을 보필하여 대통령의 정견을 충실히 실천에 옮기는 것"으로 총리의 역할을 제한할 수밖에 없었다. 이로써 보좌와 견제 중 견제는 사라지고 보좌에만 충실한 소小총리론이 자리 잡게 되었다. 비유하자면, 미국의 대통령들은 헌법 입안자들의 의도를 비웃듯 권력을 키워 가면서 '제왕적'이란 수식어가 붙을 정도로 강해졌다면, 한국의 총리는 의도한 것과 달리 처음부터 권한 행사를 제약받으면서 얼굴마담이란 멸칭으로 불릴 정도로 약해졌다.

'소'총리는 가고
'강'총리여 오라

총리의 헌법적 지위와 권한을 새삼 일깨운 이는 이회창 총리였다. 약 4개월밖에 재임하지 않았지만 그는 총리의 법률적 권한을 행사하려 했고, 이 때문에 김영삼 대통령과 충돌했다. 그는 대통령에게 통보도 하지 않고 행정 각부에 지시를 내렸고, 자신을 거치지 않고 대통령에게 직접 보고한 이에게 경고하기도 했다. 또 대통령의 담화와 뉘앙스가 조금 다른 담화를 발표한 적도 있다. 심지어 김영삼 대통령이 총리가 주재하는 남북고위전략회의를 무시하고 총리를 배제한 통일안보정책조정회의를 설치하자 이회창은 '법대로' 원칙을 무기 삼아 대통령과도 싸웠다.(김종성, 〈두 번이나 보수의 선택을 받은 이회창〉) 통일안보정책조정회의의 안건은 관계 장관이 사전에 총리의 승인을 받아 시행하라는 지시를 내려 대통령의 지시에 정면으로 맞섰고 마침내 사퇴했다. 총리직이 생명을 얻는 역사적 모멘텀이었다.

제헌 논의와 헌법 조항, 역대 총리의 행태 등을 두루 살펴보면, 총리에게 주어진 대통령 보좌와 견제의 기능 중에서 후자의 기능이 점차 강화되어 왔음을 알 수 있다. 대다수의 총리가 보여 준 모습, 그래서 우리가 익숙한 총리의 기본 모델은 의전·대독·방탄 총리였다. 그러다가 민주화 이후 시대 흐름에 발맞춰 제한적이나마 견제에 나서는 총리가 등장하곤 했다. 이때 등장한 개념이 책임 총리다. 노무현 정부 때 이해찬 총리는 제청권자로서 유시민 보건복지부 장관 임명에 반대하기도 했다. 제헌 국회 또는 헌법이 그리는 총리상에 근접한 사례의 등장은 김대중 정부에서였다. 대통령 김대중과 총리 김종필은 연정의 파트너였고, 따라서 총리는 오너십을 가진 실권 총리였다.

가끔 퇴행하기도 하지만 이제 총리직의 강화는 거역하기 어려운 추세가 됐다. 대통령의 제왕적 행태나 권력 사유화를 막을 필요성, 국회의 권한 확대에 따른 정부·국회 간 협의 필요성이 주된 이유다. 그래서 대선 후보 공약 리스트에 책임 총리론이 빠지지 않는다. 한국의 민주주의가 대통령 1인에게 휘둘리지 않으려면 국회 동의를 지렛대로 삼아 행정부와 입법부 간 선량한 중재자 역할을 맡고, 국무위원 제청권과 해임 건의권을 통해 정실 인사 nepotism를 막고, 내각 통할권을 통해 국정의 조정자로 기능하는 강强총리가 현실적 해법 중 하나다.

과연 이런 총리의 등장이 가능할까? 오직 '손타쿠そんたく

く, 忖度'에 능하고, 국정 운영에서 센터 욕심이라곤 1도 찾아볼 수 없는 사실상 총리 부재 시대! 총리가 직언이나 견제, 협치의 가교는커녕 국회에서 대통령에 빙의해 버럭 고함을 지르며 싸우는 악역bad guy을 자처하는 지금! 총리에 의한 대통령 견제라니, 헛된 기대일 수도 있겠다 싶다.

_2024년 10월 25일

제왕적 대통령을 견제할 국정 조정자, 국무총리

한덕수 총리가 윤석열 대통령에 대해 이렇게 평했다. "대인이시다. 제일 개혁적인 대통령이고." 맙소사! 그런데 그 대통령 부인의 평가는 많이 다르다. "우리 남편은 완전 바보다. 내가 다 챙겨 줘야지 뭐라도 할 수 있는 사람이지, 저 사람 완전 바보다." 아뿔싸! 완전 바보와 개혁 대인, 어느 쪽이 진실에 부합하는진 모르겠으나 여론 조사를 보면 국민 생각은 후자 쪽인 듯하다. 그렇다면 한 총리의 평은 요즘 미국에서 새롭게 쓰이는 'based'란 형용사가 제격이다.

총리가 윤 대통령을 극찬하는 이유는 뭘까? 잘나가는 관료로서 역대 대통령을 가까이서 지켜본 경험에 따른 비교 평가일 수 있다. 역사를 보면 유능한 지도자가 국민에게 욕을 먹는 사례가 적지 않으니 윤 대통령이라고 그러지 말란 법 있으랴. 총리가 인간 방패human shield를 자임했을 수도 있다. 지금은 잊혀 쓰이지 않는 지우知遇란 단어가 있다. 남이 자신의 인격이나 재능을 알고 잘 대우한다는 뜻이다. 지우를 입은 총리가 그에 대한 보은으로 봉창 두드리는 극찬을 했다면 이런 사탕발림에 능숙한 처세 총리의 존재가 윤석열 정부의 위기를 낳는 하나의 원인이다.

대통령이 성공하려면
총리가 잘해야

국회에서 하는 대통령의 시정 연설은 국정의 방향과 내용을 국민에게 책임 있게 보고하고 설명하는 의식이다. 미국 대통령의 연두 교서State of The Union가 그렇듯 대통령만이 누릴 수 있는 권리이자 싫어도 감당해야 하는 의무다. 그래서 2013년부터는 대통령이 직접 하는 민주적 관행으로 정착되었다. 이번에는 대통령이 민주당의 홀대가 기분 나쁘다며 총리에게 미뤄 버렸다. 익숙한 대독 총리의 재연이다. 대통령은 엿장수 맘대로 하는 데다 '샌님만 섬기는 나귀'처럼 하고, 총리는 '오래 해 먹은 면주인'처럼 그의 비위를 맞춘다. 엿장수 대통령-면주인 총리 체제로 국정이 잘될 리 만무하다.

총리에게 주어진 중요한 역할 중 하나는 대통령이 엇길로 새거나 일탈에 빠지지 않도록 견제하는 것이다. 헌법에서 말하는 '보좌'의 참뜻이 견제다. 헌법 정신도 그렇지만, 과거 역사를 보면 재상들이 아닌 건 아니라고 하며 왕의 독단을 단호하게 막아설 때 나라가 태평했다. 당 태종의 태평성대도 위징의 직간과 반대로 가능했다. 왜 이런 견제, 미스터 노맨Mr. no man이 필요할까?

그가 누구든 어떤 자리든 권력이 강하면 강할수록 그것에 취하기 쉽고, 그로 인해 망조가 들기 때문이다. 전체 국민이 표로 선출한 유일한 공직자라는 정통성에다 법적으로 막강한 권력이 주어지다 보니 대통령은 '선출된 왕'으로 불리기도 한다. 조영호 교수에 따르면, 대통령은 국가와 정부를 경영하는 데 네 가지 수단을 보유하고 있다. 인사·예산 등의 행정 대권, 검찰·경찰 등 권력 기구, 여론에 대한 호소력, 여당의 협력 등이다. 그런데 대통령 권력이 산술급수적으로 강해질수록 오판할 가능성은 기하급수적으로 커진다. 권력욕을 부린 대통령은 거의 예외 없이 위기에 빠졌다. 역사의 교훈이다.

대통령이 권력 중독, 목표 과잉에 빠지지 않게 총리가 견제할 수 있으려면 그에게도 법적 뒷받침이 필요하다. 헌법을 제·개정할 때의 의도와 달리 대통령이 총리를 가볍게 제압할 수 있었던 이유도 제도적으로 취약한 탓이다.

> 한국 헌법은 대통령을 정부의 수반으로 규정하고 있으며 국무총리를 자의적으로 해임할 수 있도록 하고 있다. 따라서 국무총리의 권한이 아무리 확장된다 하더라도 제도적으로 국무총리는 대통령의 권위뿐 아니라 정부 운영의 법적 권한에도 도전할 수 없다. 대통령은 헌법상 정부 수반으로 행정권을 독점하고 있고 (…) 아무리 국무총리가 자신의 제도적 자원을 동원하려 해도 해임권에 의해 바로 무력화된다. _한상익, 〈정치적 자원과 국무총리의 권한 및 역할의 변동〉

현행 헌법의 총리 관련 조항을 보다 분명하게 규정하는, 즉 국무총리의 지위와 권한을 법으로 명확하게 해 놓으면 고비용이 드는 헌법 개정 없이도 제왕적 대통령제를 크게 완화시킬 수 있다. 지난 제20대 국회에서 '국무총리의 지위 및 권한에 관한 법률(제정법안)'이 제안된 바 있다. 아쉽게도 깊이 있게 논의하지 못한 채 폐기했으나 눈여겨볼 대목이 적지 않다.

소신껏 일할 수 있도록 해 주는 총리법

제안된 총리법의 포인트는 두 가지다. 우선 총리가 소신껏 일할 수 있도록 여러 장치를 두었다. 법안에 따르면, 국무총리는 국무위원 임명 제청을 문서로 하고 대통령도 이를 거부할 경우에는 문서로 해야 한다. 대통령이 거부한 국무위원 후보자를 다시 임명 제청할 순 없고, 국무총리의 제청에 의하지 않으면 대통령의 국무위원 임명은 무효다. 이렇게 되면 헌법에서 정한 제청권을 총리가 실질적으로 행사할 수 있다. 해임 건의 절차도 담겨 있다. 총리는 국무위원의 해임을 문서로 건의할 수 있다. 대통령이 이를 거부할 수 있는데, 이 경우엔 총리에게 문서로 통지해야 한다. 대통령이 국무위원을 해임하고자 할 경우에는 총리의 의견을 들어 이를 반영해야 한다. 이때 총리는 의견을 문서로 제시해야 한다. 만약 대통령이 총리의 의견을 들어 반영하지 않고 국무위원을 해임하면 그 효력을 잃는다.

　　내각 통할에 대한 내용도 구체적으로 적시했다. 국무총리는 각 부처의 행정을 지휘·감독함을 명시했다. 국무총리가 부처의 위법·부당한 명령이나 처분을 중지 또는 취소하기 전에 시정 명령을 할 수 있으며, 시정 명령을 받은 부처의 장은 특별한 사정이 없는 한 이에 따라야 한다. 부처의 장관이 고위 공무원의 임용을 제청할 때는 국무총리와 사전 협의해야 한다. 총리의 부처 간 업무 조정권도 명시했다. 국무총리는 부처 간 정책에 대한 이견 및 갈등과 주요 국정 현안에 관한 업무를 직권으로 조정하거나 국가정책조정회의에 회부할 수 있고, 관련 장관들은 이를 따라야 한다. 총리는 직권 조정 또는 결정을 지체 없이 대통령에게 보고하고 승인을 받아야 한다.

　　국가정책조정회의는 국무총리가 주관하는 회의로서 부처 간 정부 정책에 대한 이견 및 갈등과 주요 국정 현안에 관한 업무를 조정·협의하기 위한 기구다. 정부 예산안, 국회 제출 법률안 및 그 밖에 국민의 생명·신체·재산·안전과 관련된 정책 등의 조정·협의는 특별한 사정이 없는 한 반드시 국가정책조정회의에 회부하도록 강제하고 있다. 헌법 82조의 부서(총리와 국무위원이 함께 서명)와 관련해 정당한 사유가 있는 경우 총리가 부서를 거부할 수 있도록 했고, 그의 부서가 없는 대통령의 국법상 행위는 효력이 없는 것으로 했다.

총리법의 또 다른 포인트는 총리 임면 절차를 강화한 점이다. 총리가 국회와 정부 간 가교 역할을 하도록 국회가 총리 후보자를 추천할 수 있게 했다. 총리 후보자 추천은 재적 3분의 1 이상 발의와 과반수 찬성으로 의결한다. 대통령은 국회가 추천한 후보자를 거부할 수 있는데 그럴 경우 그 사유를 문서로 국회에 보내야 한다. 총리 임기는 2년으로 하고, 중임할 수 있으나 대통령 임기가 종료되면 함께 물러나도록 했다. 총리의 권한이 세진 만큼 국회와 대통령이 그를 견제할 수 있게 했다. 대통령은 국회의 동의를 받아 총리를 해임할 수 있다. 국회는 국회대로 국무총리 해임을 건의할 수 있다.

윤석열 정부의 총체적 혼란을 해결하려면 여러 조치가 필요하다. 그 해법 중 하나로 국회에 의한 총리 추천과 총리법 제정을 검토해 볼 수 있다. 이를 통해 탄핵이나 임기 단축 등의 극단적 경로를 피할 수 있다. 대통령이나 여야 정당 모두 내켜 하지 않거나 성에 차지 않겠지만 위기 해소와 한국 민주주의의 발전적 제도 개선을 함께 이뤄 내는 방법이 될 수도 있다.

참, 서두에서 언급한 'based'를 어반 딕셔너리Urban Dictionary는 '다른 사람들이 어떻게 생각하는지 구애받지 않고 용감하게 자신만의 생각을 말하는 걸 표현하는 말'이라고 정의한다. 온라인에서 정치적 은어로 사용되고 있다. 오글거리는 말을 눈치 없이 할 정도로 한 총리는 'based man'이다.

_2024년 11월 8일

검찰, 수사 포퓰리즘으로 개혁에 맞서다

검찰은 세다. 정권을 쥐락펴락하고, 누구라도 찍히면 손보는 탓에 모두 두려워한다. 오죽하면 검찰 국가란 말이 나올까. 막강 검찰이 요즘 보여 주는 모습은 '남들보다 더 우월하다고 생각하며 거만한 체하는' 의미의 영어 관용 표현 'high and mighty'에 딱 들어맞는다. 그런데 어느 날 갑자기 검찰 국가가 등장하진 않았다. 검찰은 숱한 역경을 이겨 냈고, 국가 기관 간 권력 투쟁에서 승리했다. 국회, 사법부, 그리고 대통령까지 제압했다. 그리고 마침내 명실공히 최고의 권력 기관이 됐다. 그렇게 오랜 세월 구축한 위상과 힘이 지금의 검사 출신 대통령과 검사 출신 여당 대표, 검찰 시대를 만들어 냈다.

해방 후 정부 수립 시기는 곧 국가 기관 간의 권력 배분이 이뤄지는 시기이기도 했다. 이때 검찰은 잘 살아남았다. 법원으로부터 독립했고 수사권도 확보했다. 기소 독점권도 유지했다. 준사법 기관이란 통념도 만들어 냈다. 경찰이 일제 강점기에 파쇼라고 불릴 정도로 식민지 지배의 주구로 날뛰었기에 검찰은 큰 도전 없이 자신의 권력을 보지할 수 있었다. 그러나 군사 정권하에서는 도광양회韜光養晦(자신의 재능을 숨기고 인내하며 때를 기다린다) 하며 조신했다. 정통성 부재에 시달린 정부가 법보다 주먹을 앞세우다 보니 정보 기관과 보안사(현 국군방첩사령부), 정보 경찰의 역할과 비중이 클 수밖에 없었다. 검찰의 역할은 법적 치다꺼리에 그쳤지만 그 덕에 국민의 원성을 사진 않았다.

덕분에 민주화 과정에서도 검찰은 다치지 않고 가진 권한을 고스란히 지켜 냈다. 일찍이 검사 출신으로 국회의원을 지낸 엄상섭이 이런 말을 한 적이 있다. "검찰 기관이 범죄 수사의 주체가 된다면 기소권만 가지고도 강력한 기관인데 수사의 권한까지 더하게 되니 이것은 결국 '검찰 파쇼'를 가지고 온다." 1987년 민주화 시기, 즉 국가 기구를 재구성할 때 검찰을 정상화했어야 했다. 정치권은 이 황금 찬스를 놓쳤다. 검찰의 권력 지수는 계속 우상향했다. 이제 힘으로 다스릴 수 없는 시절인지라 법과 그 법의 집행 기관이 중요해진 탓이다. 검찰은 대통령 권력을 떠받치는 중추로 자리 잡았다. 하지만 검찰은 '살아 있는 권력'에 유난히 약했고, 도전하거나 갈등하는 이들에겐 유난히 강했다. 그러다 보니 검찰 개혁이 시대 과제로 등장하게 됐고, 노무현 정부는 이를 강하게 추진했다. 검찰로선 일대 위기였다.

가장 강력하고 위험한 집단의 생존 비결

미국 법무부 장관을 지낸 로버트 잭슨Robert H. Jackson은 전시의 군대를 제외하곤 검사가 가장 힘 있는 집단이라고 했다. 그러면서 '가장 위험한 집단'이 될 수도 있음을 경고했다.

> 검사의 기소 사안 선택은 곧 기소 대상의 선택으로 이어진다. 바로 여기에 검사의 가장 위험한 권력이 있다. 즉, 검사는 기소 필요성이 있는 사안cases을 고르기보다는 처벌하고 싶은 인물people을 고르게 된다. 검사가 엄밀하게 살펴보면 누구라도 법전에 적힌 수많은 범죄 중

하나쯤은 위반한 사실을 얼마든지 찾아낼 수 있다. 이렇게 되면 범죄 행위를 먼저 인지한 뒤 그 범인을 찾아내는 문제가 아니라 '어떤 사람을 먼저 선택한picking the man' 뒤 법전을 뒤지고 수사를 벌여 그에게 범죄 혐의를 갖다 붙이는 문제가 된다. 검사가 싫어하거나 괴롭히고 픈 사람을 고르거나, 꺼려 하는 사람들로 구성된 어떤 집단 등을 선택한 뒤 그 혐의를 찾아내는 일이 이 왕국에서 벌어진다. 검찰권 남용의 가장 큰 위험도 여기에 있다. 이렇게 되면 법 집행은 내 맘대로가 된다. 지배 집단 또는 집권층과 불화를 겪으면, 다른 정치적 견해를 가지면, 검사의 기분을 상하게 하거나 걸리적거리면 그게 죄가 된다. _〈The Federal Prosecutor(연방 검사)〉

우리 검찰은 위기 때마다 잭슨이 우려한 방식을 능란하게 활용했다. 수사권과 기소권을 활용해 개혁 에너지를 흐트러뜨렸다. 검찰, 특히 특수부의 '수사 포퓰리즘'은 자극적이고 효과적이었다. 수사 포퓰리즘은 대중의 이목을 집중시킬 만한 사안, 예컨대 권력형 부패나 비리 사건을 고른 뒤 자극적 혐의 내용을 흘려 여론 재판을 유도하고 그를 통해 엘리트에 대한 반감을 조장하는 수사 방식이다. 그들은 정치인이나 재벌, 사회 저명인사를 타깃으로 삼는 특수 수사를 통해 신망을 얻었다. 검언 유착을 통해 수사 내용이나 피의사실을 흘리는 극장식 수사로 대중적 분노를 한껏 자극한다. 논두렁 시계는 그 백미다. 그렇게 함으로써 엘리트 대 대중의 대립 구도를 만들고, 그 포퓰리즘 프레임 속에서 자신들의 권력과 위상을 유지·강화한다. 나쁜 놈 때려잡는 정의의 칼잡이, 이것이 검찰의 생존 비결이었다.

수사 포퓰리즘으로 탄생한 검찰 정권

2003년 11월 3일 검찰이 대선 자금 수사를 5대 그룹과 그 이상으로 확대한다는 발표를 했다. 당시 대검 중앙수사부 보고서에 SK그룹이 한나라당(현 국민의힘)에 100억 원을 대선 자금으로 건넸다는 내용이 들어 있었다. 이 정보는 그해 2월 SK글로벌 분식 회계 수사 과정에서 들은 얘기였다. 그런데 문제는 다른 기업들에 대해서는 구체적인 혐의가 확인되지 않은 상태였음에도 그들에 대한 수사가 시작됐다는 점이었다. 《중앙플러스》보도에 따르면, 여야에 130억 원을 정치 자금으로 제공한 SK그룹을 제외한 다른 기업들이 누구한테 얼마를 줬는지에 대한 충분한 자료나 증거 없이 모호한 진술 하나만 들고 검찰이 수사에 착수했다고 한다. 기사엔 당시 수사 검사의 증언도 담겨 있다.

"SK는 증거를 갖고 수사에 나서 100개(100억) 부분에 대해 자백까지 받았다. 이후 다른 기업으로 수사를 확대한다는 방침이 발표됐지만, 진짜 그때는 아무 증거가 없었다. 검찰의 고민이 깊었다. 대통령 측근 최도술(10월 15일), 한나라당 재정국장 이재현(10월 30일) 구속 이후 워낙 불법 대선 자금을 철저히 수사하라는 여론에 떠밀린 측면도 있다." 범죄 혐의가 확인된 후에 수사가 이뤄지지 않은 점에 대해선 이인규 전 중수부장도 인정한다. "이들 재벌의 불법 대선 자금 제공에 관해서는 아무런 증거나 자료도 없었다."

구체적인 혐의나 증거도 없이 정당-재벌을 타깃으로 삼는 강압 수사야말로 내 맘대로 법 집행의 전형이다. 당시 수사를 주도하던 이인규는 자신의 회고록에 삼성의 이학수 부회장을 만나 이렇게 얘기(?)했다고 적고 있다. "수사에 협조하면 총수를 처벌하지 않는 등 최대한 선처하겠습니다." "수사에 협조하지 않을 경우 지금까지는 겪어 보지 못한 많은 어려움이 있을 것입니다." 그래도 통하지 않자 타깃을 바꿔 LG를 공략하기 시작했다. "협조하지 않으면 지주 회사 설립, 계열 분리와 관련해서 저질렀던 부당 내부 거래에 대해 모두 수사할 거야." 협박에 이어 검찰은 LG홈쇼핑 압수 수색에 나섰다. LG그룹의 구씨와 허씨 일가의 지분 관계 정리 방법을 들여다볼 수 있는 창구 회사였기 때문이다. 이를 계기로 비로소 대선 자금 수사가 풀리기 시작했다. 이인규 전 검사가 영웅담처럼 전하는 얘기는 검찰 수사의 민낯이다. 그들은 잭슨이 말한 가장 위험한 집단이 되었다.

여론의 향배가 바뀌었다. 정치권은 전전긍긍했고 재계도 숨을 죽였다. 국민은 환호했다. 난감한 건 검찰 개혁을 하려던 노무현 정부였다. 민정수석에 비검찰 출신을 앉히고, 법무부 장관에 판사 출신 여성을 임명했다. 이런 기세가 대선 자금 수사로 인해 꺾였다. 검찰은 대선 자금 수사로 검찰 개혁을 둘러싼 여론전에서 우위를 점할 수 있었다. 불법 대선 자금 수사로 인해 검찰 개혁의 필요성에 대한 국민의 공감대가 약해졌다. 검찰이 이 수사를 성공적으로 마무리하자 검찰에 대한 국민적 신뢰가 어느 때보다 커졌다. 검찰은 정치권을 제치고 정치 개혁의 주체로 떠올랐다. 팬카페가 만들어지는가 하면 화환과 각종 음식이 대검찰청 중앙수사부에 배달되었다. 심지어 국민 검사라는 칭호도 생겼다.(문재인·김인회,《검찰을 생각한다》) 검찰은 수사 포퓰리즘으로 위기를 딛고 살아남았다.

이런 점에서 검찰 정권의 등장은 검찰이 수사·기소로 짓누르고, 포퓰리즘으로 휘어잡아 얻은 승리의 전리품이다.

_2024년 8월 16일

검찰에 의지해 싸웠던 여야가 모두 패한 이유

영화 〈1987〉에 나오듯이 검사들은 전두환-민정당 독재 정부를 무너뜨리는 데 적지 않은 역할을 했다. 그 민정당을 계승한 정치 세력이 국민의힘이다. 국민의힘 계열 정당은 민주화 이후 두 번이나 검찰에 의해 궤멸적 타격을 입었다. 한번은 노무현 정부 때 대선 자금 수사, 다른 한 번은 박근혜 대통령 때 국정 농단 수사였다. 그럼에도 보수와 검찰은 가깝다. 윤석열 전 검찰총장은 대선 도전의 매개로 보수를 선택했고, 보수 정당은 그를 극진히 받아들였다. 우연일까? 검찰이 진보와 척지고 보수와 친한 데에는 그만한 까닭이 있다.

검사는 법률가다. 법률가에 대해 재미있으면서도 의미

있는 지적이 있다. "법률가들은 때로는 정치 권력의 도구로 구실했으며 때로는 정치 권력을 도구로 이용했다."(알렉시 드 토크빌) 책을 읽다 보면 가끔 유레카 모멘트eureka moment를 만나는데 이 대목이 바로 그랬다. 또 있다. "법률가들을 통치 집단 안에 포섭하는 것만큼 군주에게 유익한 것도 달리 없으리라고 나는 생각한다." 법률가·군주를 검찰·대통령으로 읽으면 맛이 확 산다. 검찰은 정치 권력의 도구로 쓰이다가 이젠 정치 권력을 도구로 쓰고 있다.

토크빌에 따르면, 법률을 전공한 사람들은 질서에 대한 습관, 형식에 대한 취향, 그리고 질서 정연한 사고에 대한 일종의 본능적 애착 따위를 직업적 아비투스habitus로 습득하게 된다. 그런 탓에 민주주의의 무분별한 열정에 적대적이고, 대중의 행동에 대한 엄청난 거부감뿐 아니라 인민의 통치에 대한 은밀한 경멸감을 갖는다. "법률가들이 무엇보다 우선시하는 것은 바로 질서 잡힌 생활인데, 질서에 대한 가장 든직한 보장은 바로 권력이다. 그리고 법률가들이 설사 자유를 소중하게 여긴다고 할지라도 일반적으로 준법성을 더 우선시한다는 사실을 잊어서는 안 된다. 그들은 압제tyrannie보다 전횡arbitraire을 더 두려워하는 것이다."(《아메리카의 민주주의》) 그렇다. 국민에 대한 압제보다 자신들에 대한 전횡을 더 싫어하는 게 검찰이다.

검찰 국가가
될 수밖에 없었던 이유

검찰은 자부심으로 당당한 조직이다. 공부 잘해 좋은 대학 나왔다는 사탕발림, 사법 고시 패스에 따른 선민의식, 정의 중독이라 불릴 정도의 투철한 정의감까지 그들의 정체성은 '나잘난'이었다. 보도를 통해 듣게 되고 수사를 통해 확인된 정치 부패는, 그들에게 정치를 우습게 여기고 정치인을 '예비 범죄자'로 보는 확증 편향을 갖게 했다. 그러다 보니 '내가 나라 지킨다'는 사명감을 명백한 운명manifest destiny으로 받아들였다.

> 윤석열·한동훈이 '내가 수사해 봐서 잘 안다'라는 말을 입에 달고 다녀서 조롱거리가 된 적이 있었다. 그것은 두 사람만의 말이 아니라 검사 출신들이 책임 있는 자리를 맡으며 흔히 내뱉는 말이었다. 그걸 듣는 순간 나의 머릿속에는 1960년대, 70년대 아시아, 아프리카, 라

틴아메리카의 쿠데타 군인들이 했던 얘기가 떠올랐다. 그들은 자신들의 '폭력으로 사회적 평화를 강압하는 일에 동원된 경험이 있으므로 민간 정치에 개입하여 자본 축적의 위기를 잘 해결할 수 있다'고 했다. 그런 생각은 당시 군부 조직에 만연했던 일종의 믿음 혹은 문화 같은 것이었다. 그런 조직 문화를 군부 정치 연구자들은 '신직업주의new-professionalism'라고 불렀으며 그것을 쿠데타 원인으로 꼽았다. _김태일, 〈'검찰 정권'이 다시 등장하지 않도록〉

과거의 군인처럼 특수 검사들에게 정치 개입, 정치 진출은 시대적 사명에 다름 아니었다. 검찰 내의 특정 그룹, 정치화된 분파가 지닌 소명 의식이 그들로 하여금 정치에 직접 뛰어들도록 하는 심리적 인프라의 역할을 했다. 그들은 부패를 청산하고 정의를 바로 세울 수 있다고 자신했다. 진보로선 이런 것들이 불편하다. 있는 질서보다는 행복한 변화를 선호하고, 더 나은 세상에 대한 열정으로 기득 질서를 바꾸고자 하는 진보에게 검찰은 동지로 받아들여지기 어렵다. 진보는 정치를 통해 세상을 바꾸려고 하는데, 검찰은 정치를 부패 집단으로 폄훼한다. 뿐인가? 진보는 권력의 균형을 위해 검찰 개혁을 끊임없이 시도한다. 검찰도 이런 진보가 불편하다. 오래 집권한 바 있는 보수 세력과는 얽히고설킨 인연으로 인적 친화성도 강하다. 검찰로선 보수가 훨씬 편하고 생각도 통한다.

> 검찰 개혁이라고 하면 보통 검찰이라는 집단에 대한 인적 쇄신 또는 수사권 조정 등 수사 관련 법·정책에 초점이 맞춰진다. 하지만 그 이전에 온갖 문제가 수사 대상이 되는 현실에 주목해야 한다. 한국의 중요한 정치적, 사회적 문제들은 늘 '형사 사건화'되어 왔다. 성수대교와 삼풍백화점 붕괴, 광우병 사건, 세월호 사건, 황우석 사건, 국정농단 사건, 사법농단 사건에 이르기까지 하나같이 수사 대상이 돼 검찰이 문제 해결의 키를 쥐었다. _홍성수, 〈과잉 형사입법과 검찰개혁〉

우리 사회에는 모든 사건을 형사적으로 풀려고 하는 경직된 습성이 만연해 있다. 그 이유 중 하나는 정치권이 무책임하게 문제 해결을 검찰에 떠넘기기 때문이다.

그런데 거의 모든 법에 형사 처벌 조항을 넣어 두고 있는 법체계가 더 근본적인 요인이다. 1948년 8월 헌법과 정부조직법을 처음으로 제정한 이래 2017년 현재 발효 중인 법률은 1450개다. 이 중 65% 정도가 형벌 조항을 가지고 있다. 1960년대 50% 수준이었다가 1990년대 65%에 도달했다. 형사와 직접적인 관련이 없는 법령 가운데 3분의 2가량이 형사 처벌 조항을 두고 있다. 과잉 범죄화다.(김두얼·김원종, 〈죄형법정주의: 우리나라 법에 규정된 범죄의 범위, 양형 수준 및 형벌 간 균등성에 대한 실증분석〉) 이런저런 법에 형사 처벌 조항을 넣어 두면 수사권과 기소권을 가진 검찰이 언제든지 달려들 수 있다. 실제로 거의 모든 사건에 검찰이나 경찰이 형사 처벌을 목표로 수사에 나서고 있다. 형사 처벌을 엄하게 해야 언론이나 국민도 만족하는 듯하다. 여기에 정치권이 툭하면 검찰에 사건을 떠넘기고, 최근에는 시민 단체까지 고소·고발에 나서는 정치의 검찰화 현상까지 더해지니 그야말로 검사의 나라가 되기에 딱 좋은 토양이다. 이처럼 검찰 국가의 물적 인프라는 '형사 사회'다.

사실은 칼자루가 아닌 칼날을 쥐었네

검찰에 의해 혼나는 정치권의 모습을 언론은 즐기고 국민은 반겼다. 내 삶의 고단함을 정치가 풀어 주는 효능감이 주어지지 않으니 정치인들이 부패 등으로 추궁당하거나 처벌되고 심지어 몰락하는 모습에서 국민은 카타르시스를 느꼈을 것이다. 정치의 위선도 한몫했다. 검찰에게 몽둥이를 맡겨 놓고 그걸 마음껏 휘두르라고 한 게 정치권이다. 그래 놓고 어느 날 그 몽둥이가 자신을 향한다고 화를 내며 몽둥이를 빼앗으려 한다. '무능한 놈들이 부패한 데다 수사도 못하게 하네.' 검찰이 나빠도 정치인보단 덜 나빠 보였다. 마침 진보 정권 시절이었다. 절호의 기회! 검찰은 보수와 손잡고 검찰 정권 창출에 성공했다.

스티븐 레비츠키·대니얼 지블랫의 저서 《어떻게 민주주의는 무너지는가》에 이런 우화가 나온다. 말이 사슴과 싸움이 붙자, 사냥꾼을 찾아가 복수하도록 도와달라고 애원했다. 사냥꾼은 이렇게 말했다. '내가 널 도와주려면, 내가 고삐로 너를 조종할 수 있게 입에 마구를 채워야 해. 사슴을 쫓는 동안 편히 앉으려면 등 위에 안장도 얹어야 할 거야.' 말은 사냥꾼의 제안에 동의했고, 결국 사냥꾼의 도움을 받아 사슴을 무찔렀다. 그러고 나서 말이 말했다. '그만 내려오세요. 입과 등에 채운 것도 풀어주고요.' 그러자 사냥꾼은 대답했다. '너무 서두르지는 마. 이제 막 마구를 채웠고, 난 지금

이대로가 좋다고.'

딱 우리 정치와 검찰의 모습이다. 승자는 검찰일 뿐이고, 보수 역시 패자이기는 매일반이다. 잘 봐야 들러리다. 한국의 정당, 정치인들은 말처럼 사냥꾼인 검찰에게 도와달라고 청했고, 그러다 때론 사슴처럼 그 사냥꾼에게 당하기도 했다. 그 덕에 그들은 입과 등에 족쇄를 차야 했다. 마부에게 멱살 잡힌 꼴이다.

_2024년 8월 30일

검찰과 보수 정당의 밀착을 야기한 어설픈 검찰 개혁

"검찰 수사 때문에 야당이 탄핵까지 몰고 간 거다. 그게 근본 원인이다." 노무현 전 대통령의 말이다. 노무현 정부에서 청와대 정책실장을 지낸 이정우의 회고록 《노무현과 함께한 1000일》에 나오는 내용이다. 노무현 탄핵 때문에 한국 정치는 일대 격변을 겪었다. 탄핵의 후폭풍으로 의회 권력이 교체됐고 보수의 몰락이 시작됐다. 그 탄핵의 원인으로 노 전 대통령이 검찰 수사를 거론한 것이다. 검찰 수사 때문에 한국 정치의 꼴과 행로가 달라졌다는 얘기다.

민주화 이후 권력의 총아는 검찰, 그중에서도 특수부 검찰이었다. 검찰이 자신의 파워를 자각한 때는 김영삼 정부 시절이었다. 그 정부는 '역사 바로 세우기'를 공약으로 내걸고 집권했다. 하극상에 의한 군사 쿠데타를 일으키고, 5·18 민주화운동을 총칼로 진압한 군인들에 대한 단죄 요구가 봇물처럼 터져 나왔다. 1995년 7월 검찰은 '성공한 쿠데타는 처벌할 수 없다'며 전두환·노태우 두 전직 대통령에 대한 처벌을 거부했다. 그런데 3개월 뒤 박계동 의원이 노태우 전 대통령 비자금을 폭로하자 분위기가 반전됐다. 11월 검찰은 노 전 대통령을 구속했다.

이때를 기점으로 검찰 내 주류 세력의 판도가 바뀌어 공안이 밀려나고 특수가 부상했다. 사상 최초로 전직 대통령을 소환해 조사하고 구속까지 함으로써 검찰은 자신감을 가지게 됐다. '대통령까지 감옥에 보냈는데 이제 건드리지 못할 게 뭐가 있겠느냐'는 기류가 형성됐다. 노태우 전 대통령 구속은 "검찰의 배포를 키운 사건"이었고, 검찰은 "그때부터 겁이 없어졌다." 국민 여론도 정·재계 거물들에 대한 검찰 수사를 떠받치는 뒷배가 되어 주었다.(중앙일보플러스, 〈특수부 사람들〉)

개혁을 막아 내고
역사의 전면에 서다

따지고 보면, 노태우·전두환에 대한 사법 처리가 검찰의 주도하에 의해 이뤄진 일은 아니었다. 지방 선거 참패 후 당내 갈등으로 위기에 몰린 김영삼 대통령이 그간의 입장을 바꾸어 국면 전환을 위한 카드로 전직 대통령 때리기를 선택했기 때문이었다. 검찰로선 불과 넉 달 전의 불기소 처분 입장을 바꿔야 하는 굴욕이었지만 이 굴욕을 통해 그들은 정치 문법과 효능을 학습했다. 민심을 얻고 정치를 움직이는 방법을 깨달은 것이다. 이 경험을 계기 삼아 검찰은 1997년 소통령이라 불린, 대통령의 아들 김현철을 별건 수사로 구속하는 결기를 보일 수 있었다. 이는 비록 임기 말에다 지지율이 바닥이라는 조건하에서 가능했지만 어쨌든 검찰이 아직 '살아 있는 권력'에 맞선 최초의 사례라 할 수 있다. 이때부터 검찰의 기관 담력이 커졌다. 법을 무기로 누구든 제압할 수 있다는 명제를 의식화해 나갔다.

검찰이 정치를 재단할 수 있게 된 결정적 국면은 사실 1997년 대선 때 주어졌다. 당시 여당인 민자당(현 국민의힘)이 야당의 유력 후보인 김대중의 비자금을 폭로하면서 검찰 수사를 강하게 압박했다. 만약 이때 검찰이 수사에 응했더라면 1997년 대선의 승자가 바뀌었을 것이다. 현재까지 알려진 얘기를 종합하면, 당시 검찰 내에서 수사 강행과 유보 사이에 의견이 엇갈렸으나 김태정 검찰총장이 최종 중단을 결정했다고 한다. 김영삼 대통령도 "비겁한 짓"이라며 이 결정을 지지했다고 전해진다.

수사 유보로 정권 교체, 김대중 정부 출범의 지분을 챙긴 검찰은 심리적 독립성을 획득했다. 부패한 정치권을 상대하기에 자신들의 파워가 전혀 밀리지 않는다는 위상도 확인했을 것이다. 김대중 정부 후기에 있었던 '홍삼 트리오(김대중 전 대통령의 세 아들)'에 대한 수사도 이런 자신감이 있었기에 가능했다. 검찰의 이 자신감이 우월 의식으로, 수사로 세상을 바꿀 수 있다는 소명 의식으로 업그레이드한 계기가 노무현 정부의 대선 자금 수사였다. 대선 자금 수사를 통해 검찰은 다수당이던 한나라당(현 국민의힘)뿐 아니라 대통령까지도 위축되게 만들었다. 노무현 정부의 검찰 개혁 드라이브도 막아 낼 수 있었다. 이제 검찰의 힘을 제어할 수 있는 기관은 없었다. 사법부는 무기력했다. 국회가 입법을 통해 견제할 수 있었으나 여야로 나뉘어 다투느라 도낏자루 썩는 줄 몰랐다. 그때 한나라당이 탄핵이 아니라 검찰 개혁에 나섰더라면 한국 정치는 지금보다 훨씬 나아졌을 것이다. 결국 노 대통령이 검찰의 대선 자금 수사를 용인하고, 한나라당이 탄핵으로 이에 맞선 구도는 한국 정치를 심각하게 후퇴시키는 결과를 낳았다.

진보 정당은 왜 검찰 개혁에 실패해는가

지금처럼 민주당과 검찰이 서로 화해할 수 없는 갈등에 빠져든 계기는 노무현 정부의 검찰 개혁이다. 노무현 정부는 검찰 개혁을 포함한 사법 개혁을 시그니처 공약으로 내걸었다. 검찰의 권한을 축소하는 것이니만큼 그들의 저항은 당연했다. 그럼에도 개혁 여론이 워낙 높아 검찰도 마냥 저항만 할 수는 없으리라 예상됐다. 웬걸, 검찰은 완강하게 버텼고 더 나아가 수사권과 기소권을 통해 역공을 취했다. 2003년 불법 대선 자금 수사로 정치권을 초토화했다. 검찰은 제도적 권한에 더해 여론 호응이란 정치적 자산까지 얻음으로써 위상을 더욱 공고히 할 수 있었다.

민주당 대 검찰의 장기 대립이 핵심 갈등 축으로 자리

잡는 과정에서 보수 정당은 검찰의 대선 자금 수사로 궤멸하는 수준의 피해를 입었다. 적폐 수사로 두 전직 대통령뿐 아니라 숱한 보수 엘리트들이 감옥에 가거나 퇴출당했다. 그런데 역설적이게도 이 보수의 인적 공백을 검찰이 메웠다. 검찰이 민주당과 대립하면서 자연스레 검찰 출신 인사들의 보수 정당 진출이 줄을 이었다. 대선 자금 수사를 주도하고 노무현 대통령에 의해 대법관에 발탁된 안대희가 대표적이다. 민주당이 검찰 개혁을 강하게 외치면 외칠수록, 밀어붙이면 붙일수록 검찰과 보수 정당의 밀착은 강화됐다. 반민주당이 밀착의 명분이자 동력이었다.

보수 정당의 사상적 공백도 작용했다. 그들은 오랫동안 성장과 지역주의, 반공에 기대 왔다. 과거와 같은 고도성장이 불가능해지고 지역주의도 퇴색하는 데다 평화에 대한 선호가 강해짐에 따라 보수는 '새로 고침'에 직면했다. 불행하게도 그들의 선택은 진화가 아니라 미래를 상징하거나 비전을 가진 정치인, 예컨대 유승민이나 이준석을 쫓아내는 퇴화였다. 평화나 복지 등 시대 과제를 반영한 정책들도 폐기·축소했다. 사상적으로 공허한 정당이 되었으니 누군가 또는 무엇에 대한 반대만 일삼는 '반'주의anti-ism에 빠질 수밖에. 공허한 보수에게 검찰은 민주당의 위선·부패를 파헤치는 구세주나 다름이 없었다. 보수가 인적·사상적 공백을 검찰로 메꾼 이유다. 근래 보수 정당은 비전이나 정책 없이 오직 권력에 탐닉하는 이익 공동체로 전락하고 있는 느낌마저 준다.

과거엔 보수가 주류였지만 지금은 진보가 주류로 자리 잡아 가고 있다. 검찰이 이 진보와 격렬하게 맞짱 뜨면서 자연스레 그들이 국정의 관제권, 정치의 조타권을 행사하고 있다. 독립성·중립성을 전가의 보도로 내세우는 기관이라 조심할 법도 한데, 검찰은 거침없는 하이킥이다. 이도 놀랍지만 뒷전에서 겁먹은 졸개처럼 이리저리 끌려다니는 보수 정당의 모습은 한심하기 짝이 없다. 민주당 대 검찰 간의 '하이 텐션'이 줄어들지 않는 이상 검찰의 쓸모와 그에 따른 위세는 유지될 것이다. 그뿐 아니라 그로 인한 민주당의 경화 내지 팬덤화도 막거나 탓하기 어렵다.

검찰과 보수 정당의 밀착엔 진보 정부의 검찰 개혁이 두 차례 실패한 탓이 크다. 어설픈 개혁은 검찰과 보수 정당이 손잡도록 만들었다. 정치 경험과 국정 비전, 국가 경영 철학이 없는 검찰 내 사조직 집단이 개혁의 대오가 흐트러지자 그 틈을 타 헤게모니를 장악했다. 이들의 정권 장악 계획을 현실로 불러낸 것은 '검찰 개혁'을 외치면서도 검찰의 유

혹과 단절하지 못한 속칭 '입진보'였다.(이춘재,《검찰국가의 배신》)

'때려잡자 검찰'의 태도와 방식으로는 검찰을 이길 수 없다.

_2024년 9월 12일

3부

팬덤·극단주의에 사로잡힌 한국 정치의 오늘

미국은 어쩌다 죽일 듯 싸우는 정치에 포획됐을까

2020년 미국 대선에서 바이든 후보가 이겼다. 트럼프는 불복의 노력을 전방위로 펼쳤다. 급기야 이듬해 1월 6일, 그의 선동을 받은 지지자들이 의사당으로 몰려가 폭동을 일으켰다. 이후 미국인들은 이런 질문을 던졌다. "어쩌다가 이 지경이 되었지? 이제 어떻게 해야 하지?" 《바른 마음》의 저자 조너선 하이트의 전언이다. 남의 일이 아니다. 비록 폭동까진 아니지만 야당 대표에 대한 정치 테러가 발생하기도 했다. 지난 2022년에 퓨리서치센터가 조사한 바에 따르면 조사 대상 19개 국가 중에서 시민이 생각하는 정치적 양극화와 대립이 가장 심한 나라로 우리와 미국이 꼽혔다.

서로 다른 정당에 속해 있는 정치인들이나 활동가들,

그 정당이나 정치인의 지지자들 간에 첨예한 갈등과 날선 대치는 이미 세계적으로 익숙한 풍경이다. 영국에서는 2016년 브렉시트 찬반을 놓고 격돌하다 하원의원이 살해당하기도 했고, 브라질에서도 2023년 1월 대선 후에 폭동이 일어났다. 어떤 이슈에서 찬반이 나뉘고 선거에서 성패가 갈리는 것이야 늘 있었던 민주 정치의 일상인데, 근래에 들어서는 경쟁자가 아니라 적으로 대한다. 상대를 죽여야 내가 사는 정치가 횡행하고 있다.

이를 두고 학자들은 정치적 양극화 또는 부족주의tribalism라는 개념을 쓴다. 어떤 정당을 지지하느냐 하는 것이 호불호를 넘어 강한 정체성이 되었고 다른 사안에 대한 판단까지 그것에 종속시키는 지경에 이르렀다. 급기야 파티즘partyism이라는 조어까지 등장했다. 최근엔 이들 개념으로는 부족하다며 미국의 저명한 학자 15명이 종파주의sectarianism 용어를 제안할 정도로 악화 일로다. 과거와 달리 반대 정당에 대한 반감이나 혐오가 지지 정당에 대한 애착을 넘어섰기 때문이다. 어느 용어를 쓰든 정치 때문에 사회가 둘로 쫙 갈라져 서로 조롱하고, 죽일 듯이 싸우는 행태는 정치의 루틴을 넘어 디폴트가 됐다. '많은 미국인이 지금 그들 주변에서 일어나는 일(당파적 대치)에 두려움을 느끼고 있다'는 레비츠키와 지

블렛의 이 지적은 이제 우리 얘기이기도 하다.(《어떻게 민주주의는 무너지는가》)

정치적 양극화의
발생과 확산

미국에서는 세 명 중 한 사람꼴로 정치 때문에 친구를 잃는 경험을 한다는 보고가 있다. 자녀가 배우자를 선택할 때 차라리 인종이 다른 것에 대해서는 점점 더 관용적인 태도를 보이는 반면 지지 정당이 다르면 점점 더 거부감을 보인다고 한다. 우리나라에서도 그런 현상이 나타난다는 연구가 나오고 있다. 보통 사람들의 일상 속에서도 정치 때문에 연인들이 다투고, 부모와 자식 간에 대화가 단절되는 경우가 허다하다. 정치가 왜 이렇게 나빠진 것일까?

대체로 이렇게들 설명한다. 우선 이념적·정책적 차이가 양극단으로 갈라진 데서 원인을 찾는다. 그래서 중도 유권자의 비중이 줄어들었다는 것이다. 최근의 주된 분석틀은 이념 차이보다 감정적 대립에 주목하는 정서적 양극화론이다. 정당에 대한 지지를 정체성으로 받아들여 지지 정당에 대해서는 호감을, 지지하지 않는 정당에 대해서는 강한 반감을 표시하는 현상이다. 낙태, 동성애·결혼 등을 둘러싼 문화 전쟁이 자극제였다. 우리나라에서도 제18·19·20대 대선을 거치면서 정서적 양극화와 이념적 차이가 동시에 확대됐다. 자신이 지지하는 정당에 대한 애정은 크게 달라지지 않았지만 상대 정당에 대한 혐오는 지속해서 강해졌다.(김성연, 〈한국 유권자들의 이념적 정렬과 정서적 양극화〉)

정치적 양극화를 설명할 때 당파적 배열partisan sorting도 빼놓을 수 없다. 보수 성향의 정치인·유권자들은 보수 정당에 참여하거나 지지하고, 진보 성향의 그들은 진보 정당에 속하거나 지지하게 되는 것이다. 미국처럼 우리도 당파적 정렬이 일어났다. 지난 세 차례의 대선을 거치면서 보수 정당의 지지층에서 보수 유권자의 비율이 열의 여덟으로 늘어났고, 진보 정당의 경우도 두 배가량 늘어나 열의 일곱이 진보 유권자들인 걸로 조사되었다.

미디어에 주목하는 연구도 있다. 어떤 이슈에 주목할지, 그 이슈에 대한 어떤 해석을 내릴지 등 이른바 게이트키핑gatekeeping을 담당하는 미디어가 당파적으로 나뉘면서 편향을 낳아 정치적 양극화가 심화된다는 설명이다. 미국의 미디어 생태계는 당파적 분열이 매우 심한데, 1980년대 레이건 정부 때 공정 방송 독트린이 폐기된 후 편향적 미디어들이 득세하기 시작했다. 우리도 이명박 정부 시절 종편의 등장 다음부터 미디어 편향이 점점 심해졌다.

게다가 소셜 미디어에 의해 이런 정보 편식과 반향실 효과는 증폭되고 있다. 제도 효과도 있다. 다당제보다는 양당제가 정치적 양극화에 취약할 수밖에 없다. 선택이 2개뿐이면 크게 양분돼 대립하기 쉬운 탓이다. 양당제는 소선거구-단순다수제와 친화성이 높다. 1표라도 더 얻는 사람이 승자가 되고 나머지 표는 버려진다. 2020년 총선의 경우 민주당과 국민의힘은 지역구에서 각각 49.9%, 41.5%를 득표했으나 지역구 의석 점유율은 64.4%(163석), 32.8%(83석)로 차이가 대폭 늘어났다. 대통령제도 전형적인 승자 독식이다. 이처럼 전부 아니면 전무의 정치 제도가 정치적 양극화의 심화 메커니즘이다.

정당 간에 지지층 규모에서 우열을 가리기 어려울 정도로 치열하게 경합하는 구도, 선거 교착electoral gridlock으로 인해 양극화의 정도가 깊어진다는 분석도 있다. 더불어 투표율이 하락하니 정당들이 선거에서 정책과 조직을 통한 유권자의 동원보다는 이런저런 의혹을 폭로하고, 언론과 의회에서의 조사, 그리고 사법적 기소로 이어지는 '다른 수단에 의한 정치politics by other means'가 경쟁의 주요 무기로 자리 잡게 되었다. 이러다 보니 서로 감정적으로 용인하기 어려운 지경에 이르렀다는 얘기다.

클린턴과 오바마의 당선 효과

민주주의 이론의 대가 쉐보르스키는 약한 정당 정치와 강한 당파성을 갖는 시민들의 조합으로 민주주의의 위기를 진단한다. 한국의 정당들은 강성 지지층에 의해 포획party capture되었다고 해도 과언이 아니다. 티파티 세력이 미국의 공화당을 우경화시킨 사례가 대표적이다. 우리의 경우에도 이런 현상이 매우 격렬하게 나타나고 있다. 당내 경선 및 그 과정에서의 당원 비중의 확대가 이뤄지면서, 정보 기술의 변화로 개인의 의사 표출이 자유로워지면서 '친○' '○○○ 부대'라 불리는 조직화된 소수가 의사 결정을 사실상 좌지우지하게 됐다. 정치인들이 이런 변화를 전략적으로 추동하기도 하고, 기회주의적으로 편승하기도 하면서 팬덤 정치·개인 정당화가 활성화되고, 부정적 당파성 및 정서적 양극화가 깊어졌다. "나의 경쟁자는 '악'이고 '우리'가 아닌 '그들'인 데다 정치적으로 부패한 기득권 집단이라는 프레이밍을 통해 네거티브 캠페인에 집중한다." 권혁용 교수의 지적이다.

어떻게 설명하든 이런 원인들이 작용해 정치가 실제로 나빠진 터닝 포인트가 있을 텐데 언제일까? 역사학자 윌렌츠, 정치학자 긴스버그와 세프터는 1994년의 '깅리치 혁명'에 주목한다. 공화당이 레이건의 1980년 대선 승리와 더불어 구축한 다수 연합이 12년 만에 허무하게 무너지고 '뺀질이' 클린턴에게 패배한 것이 1992년 대선이었다. 이때의 충격으로 공화당이 2년 뒤 중간 선거에서 의회를 장악하자 강경파가 득세하기 시작했고, 의회에서의 대여 투쟁에 올인했다. 그때부터 끊임없이 온갖 의혹을 쏟아 내면서 급기야 대통령 탄핵까지 밀어붙였다.

또 다른 계기는 최초의 흑인 대통령 오바마의 등장과 리더십이었다. 그가 금융 위기에 미온적으로 대처하면서 티파티 운동이 등장했고, 이로 인해 온건파들이 축출되기 시작했다. 인종 정치도 표면화됐다. 그 결과 공화당은 자당의 롬니가 주지사 시절 도입한 방안을 벤치마킹해 오바마가 추진한 건강 보험 개혁안에 대해 단 1표의 찬성표도 주지 않았다.

    미국은 그렇다 치고, 그럼 우리 정치는 언제부터 극한의 대치와 내로남불, '너 죽고 나 살자'는 식의 양극화 정치가 시작된 것일까?

_2024년 3월 15일

'지못미' 노통과 박통, 정치 양극화의 시작

차이가 극명하게 드러나는 정치 양극화가 무조건 나쁜 것은 아니다. 정당이 번갈아 가며 집권하더라도 정책이 바뀌지 않고, 내 삶이 달라지지 않는다면 정치에 참여할 이유가 없다. 따라서 경쟁하는 정당들이 사회의 주요 균열과 쟁점에 대해 서로 다른 해법을 제시함으로써 유권자들을 투표장으로 나오게 하는 것은 민주주의의 질을 높이는 필요조건이다.

하지만 정당 간, 즉 정치 엘리트나 활동가들 그리고 지지자들 사이에 '우리 편애, 그들 적대in-party favoritism out-party animus'의 정서적 양극화는 심각한 해악을 끼친다. 가장 우려스러운 점이 선거 기능의 무력화다. 집권자나 정당이 잘하는지에 대한 평가, 여러 정당이 제시하는 대안에 대한 호오가 아니라 어느 편인지에 따라 지지와 투표가 결정되면 승패만 남고 내 삶은 달라지는 게 없는 일회적 이벤트로 전락하게 된다.

정서적 양극화는 감정affect, 즉 자존심이 상하거나 상대를 미워하는 혐오감을 자극하는 어떤 계기를 통해 활성화된다. 저잣거리의 그것처럼 '이렇게까지 할 일이냐' '우리를 다 죽이겠다는 거네' 따위의 정서적 내러티브가 생기게 되면 싸움이 거칠어지기 마련이다. 우리 정치사를 되돌아보면 두 번의 중대 계기가 있었다. 2009년의 노무현 전 대통령(노통)에 대한 수사와 그의 서거, 2017년의 박근혜 대통령(박통) 탄핵과 적폐 청산이다.

한나라당이 '바보' 노무현을 적대한 이유

한나라당(현 국민의힘)은 2007년 대선에서 압도적인 차이(22.5%p)로 승리했고, 다음 해 4월 총선에서도 153석을 얻어 81석의 민주당에 대승했다. 이 정도 격차면 퇴임한 전직 대통령을 정쟁에 끌어들일 필요도, 이유도 없다. 그럼 왜? 파국의 드라마는 총선 직후 5월부터 있었던 미국산 쇠고기 반대 촛불 집회에서 시작됐다. 정부의 굴욕적 협상과 광우병 우려로 도심에서 대규모 시위가 벌어졌고, 대통령이 사과 성명을 낼 정도로 이명박 정부는 궁지에 몰렸다. 대통령 지지율은 5월 21.2%(한국갤럽), 6월 17.2%(미디어리서치)까지 떨어졌다. 위기였다.

"이명박 정권은 노무현 전 대통령 수사를 정치적으로 이용하려고 했다." 수사 책임자 이인규 검사의 언급이다. 이명박 대통령은 취임한 지 불과 6개월 만에 사퇴 압력을 받았고 잇따라 대국민 사과 성명을 발표했다. 그런데 전직 대통령은 현실 정치와 사회에 대한 발언을 계속하고 봉하마을을 찾는 사람들의 발길이 이어지자 여권에서는 정치적 위기감을 느꼈다.(이순혁,《검사님의 속사정》) 요컨대, 수세 탈출의 반전 카드로 노통에 대한 검찰 수사가 선택되었다는 얘기다.

2008년 국세청의 박연차 태광실업 회장 탈세 고발 사건으로 시작된 수사로 12월 노 전 대통령의 형이 구속됐다. 이듬해 1월 새로 부임한 이인규 대검찰청 중수부장과 우병우 중수1과장 등이 수사를 확대해 노통 관련 수사를 밀어붙였다. 검찰이 4월 30일 그를 공개 소환해 망신을 줬고, 노 전 대통령은 채 한 달도 안돼 죽음을 선택했다. 낡은 정치 타파의 아이콘이자 최초의 정치 팬덤인 노사모를 탄생시킬 정도로 사랑받던 '바보' 노무현, 그를 따랐던 세력과 지지자들로선 이를 갈 수밖에 없다. 절치부심!

한나라당은 유독 노통을 적대시했다. 1997년 외환 위기(IMF 구제 금융)와 디제이피DJP 연합, 제3 후보(이인제)의 등장으로 인해 처음으로 정권을 잃었을 때와 달랐다. 그 당 의원들 중에는 대놓고 그를 대통령으로 인정하지 않는다는 말까지 공언할 정도였다. 외환 위기에 책임도 있었고, 자신들의 분열과 경쟁자들의 연합 때문에 패배한 것이니 김대중 정부의 탄생은 수긍할 수밖에 없었다. 하지만 5년 뒤의 정권 회복만큼은 자신했고, 실제 그럴 만했다. 김대중 정부 말기 지지율은 24~26%에 머물렀던 만큼 정권 교체론이 대세였다. 대통령 아들의 구속과 카드 대란, 여당의 자중지란에도 2002년 대선에서 2.3%p 차이로 졌다. 정몽준·노무현 간 후보 단일화도 깨진 상태에서 맞이한, 준비 안 된 패배였기에 더 받아들이기 어려웠다.

정치적 지형 변화에 대한 우려도 작용했다. 김대중은 소수파인 호남 출신이라 미래에 대한 우려가 적었지만 노무현은 보수 우위의 근본 토대였던 영남의 일부, 즉 부산·경남(PK)

출신이라 향후 이 부산·경남이 대구·경북(TK)과 따로 가는 디커플링(탈동조화)은 심각한 위협이었다. 이렇게 되면 역대의 승리 전략이었던 영남 지역 중심의 다수파 구성이 매우 어려워지기 때문이다.

여기에 더해 대선 직후 불법 대선 자금에 대한 검찰 수사까지 이어져 감정이 극도로 나빠졌다. 이 수사로 노무현 정부도 큰 타격을 입었지만 한나라당은 그야말로 만신창이가 됐다. 기업으로부터 선거 자금을 탑차에 박스로 실은 채 받았다는 '차떼기 정당'이란 오명에 다수 인사들이 구속까지 당했다. 그리고 불법 대선 자금 수사는 노무현 대통령보다는 야당인 한나라당에게 더 큰 타격을 주었다.(이인규,《나는 대한민국 검사였다》) 이 열패감이 한나라당과 새천년민주당을 손잡도록 추동했다. 과거 민주당은 지지율 하락을 이유로 노무현 후보의 교체를 밀어붙인 구원이 있는 데다, 대선 후엔 그를 따르는 그룹이 탈당 후 열린우리당을 만든 까닭에 감정이 상할 대로 상해 있던 터였다. 두 당이 혐오 연대를 맺고 대통령 탄핵을 의결했다. 하지만 뒤이은 총선에서 탄핵 백래시backlash로 두 당은 패했고, 최초로 의회 권력 교체가 이뤄졌다. 망연자실!

한국 정치, 경쟁이 아닌 전쟁이 되다

새누리당은 2012년 총선·대선에서 예상을 뒤집고 승리했다. 하지만 세월호 참사에 대한 책임 회피 등 위기를 자초한 끝에 2016년 총선에서 석패했다. '의회 방패legislative shield'를 잃어 최순실의 국정 농단이 드러나기 시작했고, 결국 박근혜 대통령은 파면당했다. 문재인 정부에서 펼쳐진 검찰 주도의 대대적인 적폐 청산 수사로 박근혜·이명박 전 대통령을 비롯해 보수 정부의 정무직 고위 관료들이 무더기로 구속되는 등 보수 정당은 초토화되다시피 했다. 김찬호 교수의 지적대로 감정은 사회적으로 구성되며 생각과 행동을 좌우한다. 그들로서도 처음엔 창피했겠으나 시간이 지나면서 억울하고 분개하는 마음이 커지는 집단적 경험이 됐고, 이는 양극화의 사회적 힘으로 작용했다.

노통의 죽음과 박통의 탄핵으로 품게 된 '지못미'의 감정적 앙금 때문에 두 당은 각각 피해의식으로 뭉쳤고, 상대에 대한 적개심으로 전의를 불태웠다. 심리학자 뉴슨 등에 따르면, 이런 경우 구성원들이 선택할 수 있는 방법은 충성심을 확인하고 서로 결속하고 상대에게 욕설을 퍼붓는 것이다. 당할 때 구성원들 간의 유대도 강해진다. 일례로, 2003~2013년 영국 프리미어리그의 구단들 중 가장 성적이 저조했던 팀인 헐 시티의 팬들이 사회적 유대 관계가 가장 강한 것으로 조사됐다. 두 당은 서로를 경쟁자가 아니라 적으로 여기게 됐다. 자신들은 억울한 피해자, 상대는 무도한 가해자였다. 지지 정당에 대한 애착이 아니라 상대에 대한 증오가 당파성의 중핵으로 자리 잡게 됐다.

헌법에 정해져 있는 탄핵 시도가 상대를 자극하는 계기가 되긴 했지만 결정적으로 서로를 원수처럼 대하게 된 동력은, 정치 보복으로 비치는 수사와 그로 인한 피해의식이었다. 노통 수사나 적폐 수사는 의도했건 안 했건 결과적으로 집권 세력의 정치적 필요에 따른 전략적 선택으로 추진됐다는 비판으로부터 자유롭지 못하다. 적극적 기획이든 소극적 방관이든 당하는 쪽에선 정치 보복으로 받아들여졌다. 요컨대, 정서적 양극화는 '피해-복수의 내러티브'가 내화·흑화된 결과라 하겠다.

자, 그렇다면 이런 정서적 양극화가 정치 엘리트들만의 잘못일까? 보수와 진보의 두 진영 간 지지율 격차가 줄어든 탓은 없을까?

_2024년 3월 29일

보수 우위 구도가 깨지자
경쟁이 거칠어졌다

흔히 시장에서의 경쟁이 혁신을 낳는다고 한다. 정치를 이에 빗대면 이렇게 된다. 선거라는 경쟁에서 이기기 위해 정당이나 후보들이 혁신을 통해 더 나은 대안을 제공한다. 하지만 꼭 그런 것은 아니다. 나를 높이는 상품 시장의 혁신과 달리 정치 시장에선 상대를 낮추는, 즉 경쟁자에 대한 비판이나 흠잡기로 점유율을 높일 수도 있다. '우리'에 대한 긍정적 호감을 늘리는 것이 아니라 '그들'에 대한 부정적 반감을 늘리는 전략이다. 지금의 미국이 딱 그렇다. 미국의 정당·후보자들은 지지자들을 동원하는 것이 아니라 경쟁 후보의 지지자들이 투표하지 않도록 공격하는 선거 운동을 하고 있다.(매튜 A. 크렌슨·벤저민 긴스버그, 《다운사이징 데모크라

시》)

두 가지가 포인트다. 하나는 경쟁의 정도가 치열해지는 것이고, 다른 하나는 정당이나 후보의 전략적 선택이다. 우선 선거의 경합도 상승이다. 1932년 루스벨트의 당선 이후 미국 민주당은 전쟁 영웅 아이젠하워의 높은 인기 때문에 1952년과 1956년 대선에서 졌을 뿐 1968년까지 늘 공화당에게 승리했다. 그러나 그 이후 2020년까지 치러진 14번의 대선에서 두 당은 팽팽하게 맞섰다. 공화당이 8번, 민주당이 6번 이겼다. 민주당이 늘 압도하던 의회 선거에서도 1994년을 기점으로 각축하는 구도로 바뀌었다.

"결국 문제의 핵심은 민주-공화 양당의 유권자 지지 규모가 대등한 균형의 정당 정치로 바뀌면서 양당 간의 경쟁이 치열해지는 상황에서 오바마 대통령과 트럼프 대통령 시대를 지나면서 분열과 대립이 더욱 고조되는 정치적 양극화가 더 심화되고 있는 현상이 미국 정치의 가장 중요한 특징으로 뚜렷이 자리 잡아 가고 있다는 점이다." 정진민 교수의 지적이다.

민주화 이후 보수와 진보의 엎치락뒤치락

우리는 어떨까? 우리나라에서도 민주화 이후 보수의 우위가 약화되는 추세가 점차 분명해졌다. 제14대 대선(1992년)에서 보수 후보 김영삼은 보수표의 분산을 야기한 정주영(16.3%)의 등장에도 불구하고 42.0%를 얻어 33.8%를 얻은 진보 후보 김대중에게 승리했다. 그만큼 3당 합당으로 구축한 보수의 우위는 강고했다. 뒤이은 제15대 대선(1997년)에서 1.53%p 차로 패했으나 보수로선 자신의 분열(김종필의 김대중 지지, 이인제의 독자 출마)에 외환 위기라는 국난의 책임까지 더해진 데 따른 결과라는 점에서 일시적 패배일 뿐 구조적 위기로 받아들이진 않았다.

그런 점에서 사실상 1 대 1로 맞붙은 제16대 대선(2002년)의 패배는 충격이었다. 2.33%p 차였는데, 또 다른 진보 후보 권영길의 득표율 3.9%까지 감안하면 보수 우위 구도의 붕괴는 놀라웠다. 이제 선거가 누구의 우위를 말하기 어려운 경합 구도로 바뀐 것이다. 보수가 비록 제17대 대선(2007년)에서 대승했으나 이른바 '반노 정서'라는 거대한 시류에 따른 일회적 반등일 뿐 호각지세가 내용적으로 흐트러진 건 아니었다. 그다음 제18대 대선(2012년)에서 맞대결한 박근혜와 문재인은 각각 51.55%와 48.02%를 얻을 만큼 예측 불허의 경합 선거를 펼쳤다. 현직 대통령 탄핵 뒤의 제19대 대선(2017년)은 통상적 흐름에서 일탈한 것인바 예외로 친다면, 제20대 대선(2022년)에서도 살얼음판의 박빙 선거가 재연됐다. 윤석열과 이재명 간의 격차는 0.73%p에 불과했다. 2002·2012·2022년 대선에서 양당 후보가 얻은 평균 득표율은 48.9% 대 48.2%였다. 초박빙의 경합 구도가 굳건히 자리 잡은 것이다.

1996년 제15대 총선에서 신한국당(현 국민의힘)은 지역구 기준으로 34.5%를 얻어 25.3%의 새정치국민회의(현 더불어민주당)를 압도했다. 통합민주당 11.2%, 자유민주연합 16.2%까지 포함해 보수와 진보로 대별해 보면 50.7% 대 36.5%로 보수가 압도했다. 확고한 보수 우위 구도였다. 역사상 첫 정권 교체 후에 치러진 2000년의 제16대 총선에서도 이 격차는 유지됐다. 한나라당이 39.0%, 새천년민주당이 35.9%, 자민련 9.8%, 민주국민당 3.7%를 얻었다. 역시 보수 대 진보로 나눠 보면 49.4% 대 35.9%로 이전 총선에 비해 큰 차이가 없었다.

이런 흐름은 제17대 총선(2004년)에서 결정적으로 반전하게 된다. 국회에서 대통령 탄핵이 의결된 후에 치러진 선거에서 한나라당(현 국민의힘)은 37.9%를, 열린우리당(현 더불어민주당)은 42.0%를 얻었다. 사상 최초의 의회 권력 교체였다. 자민련의 2.7%, 새천년민주당의 8.0%를 더해 보수 대 진보로 분류해 보면 40.6% 대 50%로 격차는 더 벌어진다. 보수 정당이 다시 정권을 획득한 후 치러진 제18대 총선(2008년)에서 양자 간에 재역전이 이뤄졌으나 그때뿐이었다. 제18대 총선의 투표율은 46.1%로 이전 17대의 60.6%에 비해 현저히 떨어졌다. 따라서 보수의 압승은 진보 정당 지지자들이 대거 투표장에 나오지 않은 결과로 보인다. 제19대 총선(2012년)도 정당 득표율을 보수와 진보로 대별했을 때 45.5% 대 43.9%로 박빙의 구도였다. 이런 경합의 구도는 제20대 총선(2016년)에서도 이어졌다. 특정 성향으로 분류하기 어려운 국민의당 득표를 제외하면 38.3% 대 38.6%로 보수와 진보의 지지율은 초박빙이었다. 2000년 후 6번의 총선에서 국민의힘 계열과 민주당 계열 정당의 평균 의석 비율은 44.3%(131석) 대 43.9%(130석)로 나타났다. 민주당이 전례 없이 대승한 2020년의 코로나 총선을 빼면, 46.3%(139석) 대 40.7%(122석)이다.(최병천,《이기는 정치학》)

무능하거나
게을렀던 진보

다음으로, 정당과 후보의 선택이다. 지지 기반의 규모가 엇비슷하고, 지지율도 오차 범위 안에 있으면 경쟁이 거칠어질 수밖에 없다. 이런 상황에선 두 가지 전략이 가능하다. 평소 투표할 동기를 찾지 못하던 이들을 새롭게 투표장에 끌어내는 방법과 지지표는 최대한 동원하고 상대 표는 기권하게 만드는 방법이다. 전자, 즉 동원 전략은 차별화된 대안 제시와 투표율 상승으로 나타나고 후자의 결집 전략은 막말과 감성 호소로 나타난다. 우리 정당들도 미국처럼 동원이 아니라 결집을 선택했다. 1997년 대선 투표율이 80.7%인데, 그 5년 뒤의 대선에서는 70.8%로 떨어졌다. 총선의 경우 1985년 총선에서 84%를 기록한 후 계속 떨어져 2000년 57.2%까지 내려갔다가 그다음 총선에서 60.6%로 약간 반등했다. 그러다가 다시 하락해 2008년에는 46.1%, 2012년 54.2%를 기록했다. 투표율의 하락은 정당·후보자들이 '경쟁 후보의 지지자들이 투표하지 않도록 공격하는 선거 운동'에 주력했다는 뜻이다.

그럴 만한 이유가 없었던 건 아니다. 분단 체제가 강제하는 협소한 이념 공간, 지역주의에 따른 유권자 분할, 선거 운동의 방식과 기간 제한, 인물과 연고에 기반을 둔 정당 체제 등으로 인해 이념의 확장과 정책의 차이를 통해 유권자들을 동원하기가 쉽지 않았다. 그럼에도 불구하고 민주화, 냉전의 종식 이후에도 정당들은 정치 효능감을 높여 동원을 끌어내는 노력을 외면했다. 특히 사회경제적 약자들의 투표율이 낮다는 점을 감안하면 진보 정당의 책임이 더 크다. 정치를 통해 힘들고 어려운 보통 사람들의 고단한 삶을 개선하려는 세력, 즉 진보라면 이들 사회경제적 약자들이 투표장으로 나오도록 하는 정책적 유인을 제공하는 역할은 진보 정당의 태생적 책무이기 때문이다. 진보는 무능했거나 게을렀다.

전쟁처럼 치러진 제22대 총선, 진보 진영이 21대에 이어 다시 압승했다. 이제 민주당이 주도 정당leading party이 되고, 보수와 진보 간의 오랜 박빙 구도 역시 해소된 것일까?

_2024년 4월 12일

심판론에도 작동한 '저쪽이 싫어서 투표하는 민주주의'

제22대 총선(2024년 4월 10일)의 유일한 키워드는 심판이었다. 정당 중심의 대의 민주주의에서 선거는 일차적으로 보상과 처벌의 성격을 갖는다. 유권자는 투표를 통해 잘하면 상을 주고 못하면 벌을 준다. 선거는 민주적 책임성을 묻는 기제인 것이다. 따라서 이번 총선이 윤석열 정부에 대한 심판으로 치러진 것은 우리 민주주의가 도도한 양극화의 흐름 속에서도 제법 건강하게 작동하고 있다는 위안을 준다. '3년은 너무 길다'는 구호가 얻은 폭발적 반응에 비춰 보면 여당이 탄핵 저지 의석을 얻은 건 약간 의외다. 그럼에도 우리 국민은 주권자로서 해도 너무한 빌런(윤 대통령)에 대한 거부권을 행사했다.

민주당이 위성 정당을 포함해 175석을 얻었고 국민의힘은 108석을 얻었다. 4년 전 총선에서는 민주당이 180석, 미래통합당(현 국민의힘)이 103석을 획득했다. 지난번보다 격차가 줄어들었다. 지역구 득표율을 기준으로 보면 두 당의 격차는 8.9%p(제21대)에서 5.4%포인트(제22대)로 줄었다. 정치적으로는 정부·여당의 완벽한 패배이지만 내용으로는 양당 간의 경합 구도가 여전히 유지된다고 할 수 있다.

기대만큼 야권이 이기지 못한 까닭

선거 결과는 선거 과정에서 드러난 여론과 흐름에 다소 어긋난다. 야권이 생각만큼 못 이겼다. 한국갤럽의 여론 조사 3월 한 달 평균을 보면, 정부 지원론보다는 정부 견제론이 훨씬 높았다. 39% 대 50%. 실제 득표에서 국민의힘은 45.1%, 민주당은 50.5%를 얻었다. 여론 조사에서의 11%p 격차가 투표에서는 절반으로 줄어든 것이다. 참고로, 3월 25~28일의 문화방송MBC 패널 조사에서는 35% 대 60%로 무려 25%p의 차이였다. 이유가 뭐든 국민의힘 지지층이 민주당 지지층보다 더 많이 투표에 나선 탓일 것이다. 지민비조(지역구 투표는 민주당, 비례 대표 투표는 조국혁신당)의 방식으로 사실상 연대한 민주당과 조국혁신당이 비례 대표 투표에서 얻은 득표율을 합하면 50.9%에 달한다. 민주당 지역구 득표율과 엇비슷하다. 이에 비해 국민의힘은 36.7%에 불과했다. 지역구 득표율에 비해 8.4%p 낮다. 두 당 간의 격차도 14.2%p에 달한다. 국민의힘에서 떨어져 나왔다고 볼 수 있는 개혁신당(3.6%), 보수 성향의 자유통일당(2.3%)까지 더하면 42.5%다. 그래도 지역구 득표율에 못 미친다. 국민의힘이 선방, 즉 예상보다 덜 졌다는 얘기다.

선거 후에 실시된 전국 지표 조사NBS에서 야권이 예상보다 많은 의석을 얻었다는 응답이 40%였다. 한국갤럽 조사에서는 43%가 선거 결과에 만족하지 않는다고 답했다. 야권 압승에 불만을 표한다는 건 이들이 여당을 지지했거나 또는 심판론에 동의하지 않았을 것으로 추론할 수 있다. 이 비율이 실제 투표에서 여권을 찍은 비율보다 낮다. 결국 여권 지지층이 비교적 더 적극적으로 투표장에 나갔다는 얘기가 된다. 이는 역으로 심판론에 동의하는 유권자들을 야권이 온전히 투표로 유인해 내지 못했다는 뜻이다.

큰 의석수 차이와 작은 지지율 차이. 요컨대 문책은 이뤄졌으나 정서적 양극화 등으로 인해 심판 정서의 온전한 발현이 저지된 선거였다. 선거 전의 각종 여론 조사, '런종섭'이나 '대파 파동' 등 언론이 주목한 이슈들의 성격들이나 그들의 논조 등을 감안할 때에도 양당 간의 5.4%p 격차는 예상보다 적다. 이런 점에서 '우리'에 대한 호감이나 지지보다 '그들'에 대한 반감이나 적대가 투표의 기준이 되는 부정적 열정이 제1 요인으로 작동한 것으로 보인다. 김민하의 표현대로 "저쪽이 싫어서 투표하는 민주주의"가 자리 잡았다는 의미다. 걱정이다.

민주화 이후 선거에서 보수와 진보는 호각세를 보여 왔다. 67석, 조국혁신당의 의석을 포함할 경우 79석의 의석수 격차가 주는 착시 효과에도 불구하고 이번 선거에서도 그 흐름은 큰 틀에서 바뀌지 않았다. 제19대와 20대 총선의 지역구 득표율을 보수와 진보로 대별해서 보면 양자의 격차는 각각 1.6%p, 0.3%p에 불과했다. 그때 비하면 5.4%p는 매우 크다. 하지만 이 정도면 흔히 말하는 오차 범위 안에 있는 수치다. 상황적 계기나 국면적 요인에 따라 성패가 얼마든지 달라질 수 있는 차이다. 게다가 이번 선거의 경우 심판론이란 메가 프레임 속에 치러졌으므로 이 격차는 할인해서 봐야 한다. 다만, 보수보다는 진보 쪽으로 트렌드가 움직이고 있는 것만큼은 분명하다. 이 트렌드가 계속 이어질지 다시 반전할지는 정치 세력, 정치 엘리트들의 선택과 전략에 달려 있다.

팬덤 정치가 증명된 제22대 총선

특별히 선거 과정에서, 그리고 선거 결과를 통해 확인된 '사실'을 외면해서는 안 된다. 바로 팬덤 정치다. 이번 선거에서 팬덤을 거느린 정치인은 성공했다. 이재명 대표를 비롯해 조국 대표와 이준석 전 대표가 선거 승리의 주역이 됐다. 이재명 대표는 극심한 공천 파동을 이겨 냈고, 조국 대표는 위선자 프레임을 이겨 냈고, 이준석 전 대표는 소외의 설움을 이겨 냈다. 그들은 대표적인 팬덤 정치인들이다. 팬덤이 그들을 살렸다. 반면에 팬덤이 옅거나 눈에 띄지 않는 이낙연 전 대표, 금태섭 전 의원, 박용진 의원은 낙선·낙천했다.

주목할 것은 한동훈 전 비상대책위원장이 보여 준 모습이다. "전략도 없고 메시지도 없고 오로지 철부지 정치 초년생 하나가 셀카나 찍으면서 나 홀로 대권 놀이나 한 거다."(홍준표 대구시장) 맞다! 그런데 셀카나 찍으면서 나 홀로 대권 놀이 한 게 의도적인 선택이라면? 그는 선거 내내 팬덤을 구축하는 데 힘을 쏟았다. 깨알 같이 야당을 조롱했고, 시종일관 야당에 대한 혐오와 적대를 추동하는 팬덤 플레이에 주력했다. 팬덤 정치의 본질은 나와 생각이 다른 정치인이나 정치 집단을 혐오하는 데 있기 때문이다. 팬덤 정치는 좋아함(선호)보다 싫어함(혐오)에서 발원한다.(박상훈, 〈우리 말고 모두가 적… 팬덤정치가 위험한 이유〉) 그는 대통령과의 차별화란 익숙한 문법 대신 팬덤 정치란 새로운 문법을 취했고, 성공했다. 따라서 그의 팬덤은 선거 패배 후에도 쉽게 사라지지 않을 것이다. 국회로 배달된 한동훈 응원의 화환 행렬, 팬클럽 신규 회원의 증가, 대선 후보와 당 대표 후보에 대한 여론 조사에서 보이는 부동의 강세가 그 증거다.

"선거 민주주의는 작동하지만 정치는 없는 나라."(이관후 교수) 협치를 불편해하고 심지어 배신으로 간주하는 팬덤 대중의 인식과 압박으로 인해 대화와 타협의 정치가 다시 활성화될 가능성이 높지 않다. 팬덤 정치가 우리 정치의 뉴노멀이 되었다. 팬덤 구축이 정치적 성공의 교리가 되었다. 포퓰리즘, 정서적 양극화, 팬덤 정치는 패키지로 움직인다. 서로가 서로를 강화하고, 자극하고, 지원한다. 결과는 상대에 대한 혐오와 적대, 나아가 부정과 배제다. 이 위험한 '나쁜 정치 패키지'가 우리 정치를 짓누르고 있음이 이번 총선에서 확인됐다. 훗날 우리 정치의 분기점으로 기록될지도 모르겠다.

이번 총선은 한편으론 안도를, 다른 한편으론 우려를 던져 주었다. 단호히 심판하면서도 다시 탄핵의 수렁에 빠지지 않도록 제어한 집단 지성의 절묘함이 참 다행스럽다. 뭘 해도 옹호되고, 정치적·도덕적 흠결이 오히려 정치적 자산이 되는 팬덤 정치, 상대에 대한 반감으로 인해 내 눈의 들보보다 남 눈의 티끌에 분노하는 정서적 양극화를 보면서 근심이 더 깊어졌다. 이대로 가면 정당들이 대중의 선호에 기반한 정책과 비전을 제시하는 것에는 관심을 두지 않고 막말과 흠집 잡기로 이기는 데에만 혈안이 되는 정당, 스티브 베넨이 말하는 '탈정책post-policy' 정당으로 전락할 수 있다.

우리 정치를 옥죄면서 벼랑 끝으로 내몰고 있는 팬덤 정치! 이 팬덤 정치는 언제 어떻게 형성되었고, 어떻게 작동하는 것일까?

_2024년 4월 26일

애착 넘어 혐오로 나아가는 정치 팬덤의 정체

팬덤은 팬fan과 덤dom을 합친 말이다. 덤이 세력, 영지, 범위 등을 뜻하니 팬덤은 팬의 무리다. 누군가를 좋아하는 마음을 '팬심fan心'이라 하고, 좋아하는 행위를 '팬질'이라고 하듯이 팬이라는 단어는 우리 일상에 깊숙이 들어와 있다. 산업사회, 대중문화의 산물이다. 전자 미디어의 영향도 컸다. 라디오, 영화, 티브이TV 그리고 인터넷과 소셜 미디어의 등장으로 팬 현상은 일상화가 됐다. 우리는 누구를 좋아하고, 그 좋아함을 소비하며 살아간다.

팬 현상으로 인해 생겨난 단어도 있다. 옥스퍼드사전이 2023년 올해의 단어로 'rizz'를 선택했는데, 거대 팬덤을 거느린 한 인터넷 방송인이 사용하면서 알려졌다. 그의 팔

로어는 개인 방송 650만 명, 유튜브 400만 명, 인스타그램 500만 명이다. 참고로 'rizz'는 이성을 끌어당기는 숨겨진 매력이란 뜻이다. 그런데, 도대체 왜 팬덤이 문제라는 걸까? 팬덤이 하나의 공동체를 이루고, 집단적 정체성을 형성하고, 사회적 힘을 행사하기 때문이다. 워낙 팬 현상이 일반화되다 보니 시장에서도 이제는 이를 의식하고 있다. 오죽하면 팬 경영fanagement이란 말까지 생겼으랴. 아이돌 그룹의 경우에도 팬덤의 영향은 압도적이다. 비티에스BTS의 아미ARMY, 테일러 스위프트의 스위프티swiftie를 떠올리면 금방 이해된다. 아미는 시위에, 스위프티는 선거에 영향을 미쳤다. 바야흐로 팬덤의 시대다.

팬덤은 어떻게 권력화되었나

"지금의 정치를 이해하려면 작금의 팬덤을 이해해야 한다." 트럼프 현상을 팬덤 개념으로 파악한 복스vox 기사의 제목이다. 기사를 작성한 로마노는 트럼프를 지지하는 유권자들을 '트럼프 팬덤'으로 불렀다. 최근 셀럽, 즉 유명인에 대한 팬덤을 말할 때 '덕질stan'이란 표현까지 등장했는데, 스토커stalker와 팬의 합성어다. 가수 에미넴의 동명 노래 제목에서 유래했다니 이 또한 팬덤의 힘을 말해 주는 실례다. 이런 덕질을 추동하기 위해 트럼프는 전략적으로 자신을 정치인이 아니라 정치하는 셀럽으로 유형화했다. "정치적 변화를 원한다면 단지 트럼프에 표를 주는 것에 그치면 안 된다. 감정 투사의 대상을 정치 일반에서 트럼프 개인으로 옮겨야 한다. 그를 덕질해야만 한다."

이처럼 팬덤이 정치에 미치는 강력한 힘 때문에 등장한 개념이 정치 팬덤, 팬덤 정치다. 팬덤 정당, 팬덤 민주주의, 팬덤 민족주의라는 말도 쓰인다. 윌리엄스와 베넷에 따르면 "정치와 정치인에 대한 강력한 정서적 반응과 동일시를 토대로 한 네트워크화된 팬의 행동주의 권력"이 정치 팬덤이다. 이 정치 팬덤이 차이와 이견을 혐오하고 배제하면서 정당과 의회 등 정치를 짓누르는 현상, 또는 정치인이 팬덤을 만들고 이를 권력 수단으로 활용하는 정치 양식이 팬덤 정치다.

대의 민주주의에서 유권자는 정당과 후보에 대해 주로 투표를 통해 '지지'를 표명한다. 이게 보통의 대중 정치, 민주 정치다. 그런데 팬덤 정치는 단순히 지지하는 것에 그치지 않고 이를 넘어선다. '총공(문자 총공격)'이라고 불리는 문자 공세, 시위 등 퍼포먼스, 댓글 달기 등을 통해 일상 정치에 적극적으로 '개입'한다. 심지어 선호 정치인에 대한 순위까지 매겨 발표한다. 이런 개입 행위들을 통해 정치인을 자신이 원하는 방향으로 움직이도록 강제한다. 어지간한 정치인은 이들의 표적질에 당할까 봐 전전긍긍하며 눈치를 보게 된다. '지지-보터voter'에서 '개입-팬덤'으로 정치 참여의 방식과 주체가 바뀌었다. 가히 팬덤의 권력화라 부를 만하다.

정치 팬덤은 스포츠 팬덤에 비유된다. "스포츠는 경쟁이 주가 되고, 특히 확연하게 일대일로 적대적인 대결 구도를 형성하기 때문에 상대 팀에 대한 경외와 동시에 상대 팀이 자신의 팀을 이겨 버리지 않을까 하는 두려움이 안티팬 활동을 하게 한다는 것이다. 따라서 상대 팀에 대해서는 무조건 반대하고 대항하려는 것이 팬 정체성의 구성 조건이 되며, 상대방을 재미로 조롱하거나 비하하는 행위를 통해 팬 정체성을 확보하는 계기를 만들 수 있다."(테오도로폴루) 요컨대, 스포츠에서는 팬덤이 안티 팬덤으로 나타나는데, 정치에서도 그렇다는 얘기다.

정치 팬덤은 누군가를 좋아하고 그를 열렬히 응원하는 것에 만족하지 않는다. 거침없이, 당당하게 누군가에 대한 혐오와 배제에 나선다. 다르게 행동하거나 딴소리를 내면 욕설을 퍼붓고 혐오를 쏟아 내고 심지어 배제에 나서기도 한다. '내 편'이 아니면 무조건 타도의 대상, 즉 적으로 규정한다. 같은 당에 속해 있으면 이런 편 가름이 순화될 것 같지만 정반대다. 다른 당에 있는 적보다 더 미워하고 증오한다. 게다가 '내 편'인지 아닌지는 팬덤이 결정한다. 이쯤 되면 권력화가 아니라 폭력화라 할 수 있다. 요컨대, 팬덤 정치는 사랑의 표출이 아니라 미움의 배설이다.

한국 정치 팬덤의 시작

정치에서는 경쟁이 불가피하다. 후보직, 의원직, 대통령직 등을 놓고 경쟁해야 한다. 게다가 승자가 모든 것을 다 가진다. 승자 독식의 제도 탓이다. 뿐인가, 승패가 갈린다고 해서 끝이 아니다. 승자가 패자에게 온갖 멍에를 씌우고 심지어 죽이려고 달려든다. 검찰 등 국가 기관을 동원해 물리적으로 경기장 밖으로 밀어내려고 한다. 정의 구현이나 적폐 청산 등 명분을 뭐로 내세우든 정치 보복이고 패자 절멸로

비친다. 정치나 선거가 이기고 지는 게임이 아니라 죽고 사는 전쟁으로 전락하는 것이다. 절제와 관용은 금기. 이처럼 전시 상태에 군법 적용하듯 이견은 명령 불복종을 넘어 '전쟁 중에 아군에게 총을 거꾸로 겨누는' 내부 총질로 간주된다. 내가 좋아하는 정치인의 승리를 위해 방해되는 모든 행위는 이적 행위, 걸림돌이 되는 사람은 타도의 악한으로 규정된다. 본말이 전도되듯, 좋아함에서 시작됐지만 사랑은 말末이 되고 혐오가 본本이 된다. 안티 팬덤이 팬덤 정치의 숨겨진 속성인 셈이다.

 정치 팬덤이 등장한 역사적 맥락을 추적해 보면 이해되는 측면이 없는 건 아니다. 정치가 제대로 작동하지 않은 데 따른 반작용으로 등장했기 때문이다. 정당이나 의회가 민의를 대변하는 데 소홀하고, 정치인들은 무능한 데다 부패하니 당연히 정치 개혁에 대한 요구가 늘 거셀 수밖에 없었다. 그럼에도 시민이 정치에 참여하는 길은 사실상 투표뿐이었다. 정 아니다 싶을 때는 거리로 나가서 시위를 벌이는 직접 행동에 나서기도 했다. 그러던 어느 날 어떤 당이 대선 후보를 뽑는 과정에 시민이 참여하도록 문을 열었다. 김대중 정부가 위기에 빠지고 정권을 잃을 위기에 처하자 국민경선제를 그 반전의 돌파구로 삼았다. 새천년민주당(현 더불어민주당)이 2002년 대선 후보 선출 방식을 일반 국민이 참여하는 방식으로 바꾼 것이다. 정치를 바꾸고 싶은 시민들이 이 국민 경선에 열정적으로 참여하는 건 당연했다. 3% 지지율의 노무현이 대통령 후보가 됐다. 노무현 승리의 일등 공신은 정치인 팬클럽 노사모(노무현을 사랑하는 사람들의 모임)였다.

이 때문에 노사모를 정치 팬덤의 효시로 보기도 한다. 그러나 노사모는 팬덤이라 부르기 어렵다. 그들은 일상 정치에 개입하거나 팬질을 통해 경쟁자들을 악마화하거나 퇴출시키는 일에 나서지 않았다. 그들은 지지, 그것도 비판적 지지에 충실했다. 노사모가 정당보다 내러티브가 있는 인물을 선택하고, 그를 통해 사회 변화를 일궈 내는 학습 경험을 만들어 냈기에 정치의 개인화personalization를 자극한 것은 맞으나 팬덤 정치가 득세하게 된 시점은 그 이후다. 팬덤 정치는 노무현 전 대통령에 대한 검찰 수사와 그의 죽음, '나꼼수(나는 꼼수다)'의 등장, 국회선진화법 통과, 박근혜 정부의 출범 등으로 이어지는 정치적 흐름 속에서 형성되었다.

그때 그 일들이 어떻게 팬덤 정치를 부추겼을까?

_2024년 5월 10일

박정희 향수와 박근혜 팬덤, 노무현 애수와 문재인 팬덤

정치 팬덤에는 대상에 대한 정서적 애착이 있어야 하고, 팬덤이 공감하는 내러티브가 있어야 한다. 아이돌 팬덤을 설명할 때 "한을 먹는다"는 표현을 쓴다. 사회학자 임명묵은, '한 먹음'을 '자신이 팬질하는 대상이 겪는 악재'를 뜻하며 '아이돌판에서 진정으로 강력한 힘과 끈끈한 결속력을 발휘하는 팬덤으로 거듭나기 위한 의식'이라고 설명한다.(〈'한(恨)을 집어먹은' 이준석 정치 팬덤, 與에 부메랑 될 수도〉) 비유하자면, 아리스토텔레스가 수사학의 하나로 거론한 파토스가 있어야 강력한 팬덤이 형성될 수 있다. 그래야 내러티브 몰입이 이뤄진다. 몰입은 안으로 열광을 낳고, 밖으로 혐오를 낳는다.

박근혜는 양친을 모두 총탄으로 잃었다. 9살부터 27살까지 대통령의 딸로 지냈고, 어머니를 잃은 뒤에는 영부인의 역할을 대신했다. 10·26 사태 후 20년 가까이 독신으로 잊혀 지내다 1997년의 외환 위기 후 '(아버지가) 어떻게 일으킨 나라인데…' 하며 정치에 뛰어들었다. 보수의 영웅 박정희에 대한 향수에 고난의 인생 스토리까지 더해진 비장한 내러티브는 정치 팬덤을 낳는 상징 자본으로 작용했다. 박근혜는 당을 두 번이나 구해 냈다. 한 번은 2004년 총선 때다. "박근혜 대표는 한나라당의 '구세주'나 다름이 없었다. '차떼기당'으로 전락한 한나라당이 2004년 4·15 총선에서 그나마 명맥을 유지할 수 있었던 것은 박 대표의 대중적 인기 덕이었다고 해도 틀린 말은 아니다." 2005년 《조선일보》 기사의 한 대목이다. 2012년 총선 때도 그는 당의 비상대책위원장을 맡아 승리의 매직을 보여 줬다.

친박 돌풍을 일으킨 박근혜 팬덤

정치 셀럽 박근혜의 대중적 인기는 어느 신문 기사 제목처럼 '아버지 후광, 알맹이 없는 연예인식 인기'라고 평가 절하되기도 했다. 하지만 그것은 정치 팬덤이었다. 그는 '근혜님, 박짱'으로 불리곤 했다. 애정 어린 호칭이다. 2004년 3월 개설된 팬 커뮤니티 '박사모'는 6만 명의 회원(2011년)을 두었고, 게시글에는 "가슴 떨린다" "그립다" 등 숭배와 친밀감의 애정 표출로 넘쳐났다. 경쟁 세력에 대해서는 철면피 인간, 배신자, 비열한 망나니, 가증스런 위선자 등 적개심을 드러내는 팬덤 언어를 사용했다. 지금의 팬질 그대로다.

박근혜에게는 팬덤 감수성이 있었다. "미니 홈피 개설 초기에 미공개 가족사진을 올리고, 100만 번째 방문자와 '1일 데이트'를 예고해 방문자 수를 늘리는 등 만만찮은 솜씨를 보여 왔다. 박사모는 결성 1년 만에 회원 수 4만 명에 육박하는 대규모 조직으로 발전했으며, 이들은 책임 당원제를 도입하는 한나라당에 집단 입당하는 움직임을 보이고 있다."(강준만) 이렇게 구축된 팬덤의 힘은 놀라웠다. 2008년 총선, 친박 후보가 출마하지도 않은 한나라당 텃밭에서 당 사무총장이던 친이 의원이 평소 박근혜를 괴롭혔다는 이유로 허무하게 떨어졌다. 또 당의 공천을 못 받은 친박 후보들, 즉 친박 연대 소속 14명과 친박 무소속 12명이 '친박 돌풍'으로 당선됐다.

박근혜 팬덤은 박정희에 대한 향수, 보수 정서에 맞는 페르소나와 행태, 혼자 남겨진 대통령의 딸이나 커터 칼 피습과 같은 감성 요인, 보수 미디어의 '팬덤적' 지원 등이 복합적으로 작용한 것이지만 그는 집권 후 팬덤 정치를 통치 전략으로 활용했다. 박근혜는 대선에서 과반 득표로 승리했고, 의회에서도 다수 의석을 확보하고 있었다. 취임 초를 제외하곤 2년차 중반까지 50%를 넘는 지지율을 누렸다. 종편의 출범으로 언론 지형도 더 유리해졌다. 비록 집권 초의 국정원 댓글 사건, 세월호 참사 등 불안 요인이 없진 않았지만 집권 기반은 안정적이었다. 세월호 참사 직후인 2014년 6월 지방 선거에서도 사실상 승리했다. 광역 단체장 선거에서는 야당에게 1석 뒤졌지만 기초 단체장 선거에서는 117석 대 80석으로 크게 앞섰다.

그럼에도 그는 팬덤 정치를 가동했다. 정당과 의회 때문이었다. 유승민 원내 대표와 갈등을 빚은 탓에 당을, 국회선진화법에 따른 입법 교착gridlock 탓에 국회를 걸림돌로 여겼다. 이명박 정부 시절의 이른바 동물 국회에 대한 반성으로 만들어진 국회선진화법으로 박근혜 정부는 발이 묶였다. 일방적인 강행 처리가 어려운 터에 여당도 거수기 역할을 거부했다. 결국 박 대통령은 정당과 의회를 우회·압박하는 팬덤 정치에 나섰다. 팬덤을 동원해 유승민을 원내 대표직에서 몰아냈고, 국회 개혁 청원에 서명하는 등 '대중 속으로 들어갔고going public', 2012년 총선에서는 진박 감별 논란을 빚으면서까지 공천을 전횡했다. 콘크리트 지지층으로 불리던 강한 팬덤을 믿고 펼친 포퓰리즘 정치였다.

추앙와 적대를 동시에 지닌 문재인 팬덤

문재인 팬덤은 노무현 애수에서 비롯됐다. 그에 대한 보수 정부·언론의 핍박과 죽음으로 인해 지켜 주지 못해 미안하다는 '지못미' 정서, 애잔한 내러티브가 생겨났다. 민주화 특히 정권 교체 이후 보수 언론의 힘이 강해지면서 정치의 미디어화가 진행됐고 종편의 등장으로 더 깊어졌다. 이런 열세 속에서 기성 미디어를 대체하는 에스엔에스SNS, 소셜 미디어가 대항 언론으로 등장했다. 스마트폰, 팟캐스트, 에스엔에스 플랫폼 기술의 발달과 기술 간 상호작용으로 이해 대안적이거나 혹은 대항적인 공론장이 만들어졌다. 그렇게 '플랫폼 정치' 혹은 '네트워크 정치'가 보수화된 매스미디어

중심의 미디어 정치와 경쟁할 수 있게 되었다.(백욱인) 이때 등장한 '나꼼수'가 판을 바꿨다. 나꼼수는 정치의 개인화, 사사화, 감정화 흐름을 강화했다. 이준형에 따르면, 보수 세력의 권력 남용과 비리에 대한 나꼼수의 찰진 조롱과 질펀한 풍자가 대중의 새로운 정치 참여를 이끌어 내고, 노무현 죽음 이후 진보 진영에 퍼져 있는 애도의 감정을 결집시켰다. 그래서 등장한 것이 문재인이고 그의 팬덤이다.

문팬덤의 기세는 맹렬했다. 이세영 《한겨레》 논설위원은 자신의 칼럼에서, '투철한 팬심과 비상한 사명감으로 무장한 모바일 전사들이 민주당의 당원 게시판과 온라인 커뮤니티를 휩쓸며 당의 여론을 움직였다'고 설명한다. 2012년 문재인의 민주당 대선 후보 선출, 새정치민주연합 시절의 친문-비문 계파 갈등, 문재인과 박지원이 당권을 두고 격돌한 2015년 전당 대회와 2016년 분당에 이르는 중대 고비마다 이들의 활약은 눈부셨는데 온라인 좌표 찍기, 게시판 댓글 도배, 특정인을 겨냥한 문자 폭탄이 무기였다는 것이다(《정당은 왜, 팬덤정치에 휘둘리는가》) 문자 폭탄에 대해 문재인은 "적어도 정치인이라면 그런 문자를 받을 줄도 알아야 한다"거나 "경쟁을 흥미롭게 해 주는 양념 같은 것"이라며 감쌌다. 집권 후 문재인은 촛불 집회에서 제기되고, 대통령 탄핵으로 표출된 적폐 청산의 요청에 적극 호응했다. 여소야대인 걸 감안하면 이 선택은 탄핵 연합을 이어 가는 연합 정치가 아니라 팬덤 정치를 통한 정면 돌파로 이어질 수밖에 없었다. 문팬덤은 전위대를 자처했고 내 편에겐 수호천사, 네 편에겐 기동 타격대로 행동했다.

    문팬덤은 박팬덤에서 더 진화했다. '우리 이니(문재인의 애칭) 하고 싶은 거 다 해'라는 말이나 이니 굿즈 등에서 알 수 있듯 감성 브랜드화했다. 자발적 모금으로 문재인 생일 축하 광고를 2018년엔 뉴욕의 타임스퀘어에, 2019년에는 서울역 옥외 전광판에, 그리고 2020년에는 광주의 지하철역 광고판에 내걸었다. "당신을 지켜드리기로 맹세합니다. 우리를 믿으세요." "그대와 함께 만드는 미래에 단 한 번도 등 돌린 적 없음을." "밝은 달은 우리 가슴 일편단심일세." 그들은 《한겨레》《경향신문》《오마이뉴스》를 '한경오'로 호칭하며 언론 적폐로 규정해 집단 공격하기도 했다. 《한겨레21》 문재인 표지 사진과 영부인 호칭을 문제 삼아 그 신문에 대한 절독·불매 운동도 전개했다. 추앙과 적대의 배타적 팬덤이었다.

                                                  _2024년 5월 24일

팬덤 정치가 우리 사회를 잡아먹고 있다

"소프트웨어가 세계를 잡아먹고 있다Software is eating the world." 넷스케이프의 공동 창업자 마크 앤드리센이 2011년에 한 말이다. 그가 실리콘 밸리의 테크 기업들이 세계에 미치는 영향력에 대해 말하면서 'eat'이란 단어를 쓴 게 흥미롭다. 생각해 보면 참 적절한 선택인 듯하다. 빗대자면, 팬덤 정치가 정치를 '잡아먹고' 있다. 워싱턴대학교 역사학 교수 마거릿 오마라Margaret O'Mara는 실리콘 밸리가 만들어 낸 변화를 거창하게 혁명이라고까지 불렀는데, 팬덤 정치도 정치의 판을 흔드는 혁명일까?

팬덤 정치를 가장 극점으로까지 끌어올린 인물은 이재명 대통령이다. 그는 흔히 '변방의 사또' 출신이다. 사또, 즉 시장이 되기 이전에는 시민운동에 헌신하는 무명의 변호사에 불과했다. 그런 그가 성남시장을 거쳐 경기도지사가 됐다. 2022년 대선 패배 후에는 당 대표가 되더니 2025년 탄핵 후에 치러진 6·3 대선에서 승리해 마침내 대통령이 됐다. 그의 정치 역정에서 가장 강력한 성공 무기는 팬덤 정치였다. 자신이 펼치는 새로운 시도에 대해 기성 언론이 폄훼하자 그는 자위의 수단으로 소셜 미디어를 선택했다. 그래서 'SNS 시대의 개막과 함께 정치를 시작한 이재명은 행운아. 그는 SNS 시대에 최적화된 정치 지도자'(장동훈)란 찬사를 듣는다. 소셜 미디어를 통해 자신의 주장을 옹호한 것을 넘어 팬덤을 만들어 내고, 그 팬덤으로 숱한 위기를 이겨 내고 정계의 슈퍼스타로 발돋움했다. 그는 소셜 미디어를 발견했고, 소셜 미디어는 그에게 성공을 안겼다.

이재명 팬덤의 패권화

박근혜 팬덤과 문재인 팬덤을 거쳐 팬덤 정치는 이재명 팬덤에서 만개했다. 정치의 새로운 문법이 됐고, 우리 정치 지형을 근본적으로 바꾸고 있다. 이제 그 누구도 팬덤 정치에서 자유로울 수 없다. 문팬덤과 명팬덤의 차이에 대해 강준만은 이렇게 말한다.

"문재인은 팬덤의 창업자는 아니다. 그는 팬덤의 비위를 맞추는 데에 급급했을 뿐 팬덤의 구성과 운영에 개입하지 않았다. 반면 이재명은 팬덤의 창업자다. 팬덤의 구성과 운영에 직접 개입한 '팬덤의 CEO'다. 매우 독특하고 희귀한 유형이다." 덕분에 그는 일찌감치 'SNS 대통령'이란 호칭을 얻었고, '포노 사피엔스'라고 불리었다.

이재명 팬덤은 성남시장 시절의 무상 산후 조리원, 무상 교복 등 파격적 정책과 분투하는 개혁가 스탠스, 누구보다 먼저 박근혜 탄핵을 외치는 등 사이다 발언, 전율을 일으킬 정도의 선명한 적대감 표출, 경쟁자와 반대편의 폄훼와 핍박에 따른 언더도그마underdogma 효과, 선거에서 아깝게 진 간발효과nearness effect 등에서 비롯됐다. 그러나 역시 가장 핵심적인 동력은 본인의 소셜 미디어 관리였다.

"나는 하루에도 수십만 명과 대화를 나눈다. 대화 창구도 셀 수 없이 다양하다. 카카오톡, 밴드, 트위터, 페이스북, 카카오스토리, 유튜브, 인스타그램, 인터넷 카페 게시판, 블록, 댓글 등 수많은 채널을 통해 각계각층의 사람들과 친구를 맺고 정보를 공유한다." 이재명 대표 본인의 말이다. 그래서 그는 손가락 혁명을 외쳤고 "단언컨대 이제 대한민국의 진정한 변화는 손가락 끝에서 나올 것"이라고 단언했다. 그의 말대로, 스마트폰과 소셜 미디어를 활용하는 손가락, 그 손가락의 주인들이 형성한 팬덤에 의해 대한민국의 정치에 혁명적 변화가 일어나고 있다.

명팬덤의 감성적 결속도는 문재인 팬덤을 넘어선다. 문팬덤의 감성화를 상징하는 단어가 '이니'라면 명팬덤의 그것은 '아빠'다. 잼칠라(이재명+친칠라), 울잼(우리 이재명), 잼파파, 밍밍이라고 불리기도 하지만 가장 본질적 호칭은 아빠다. 그 아빠를 좋아하는 이들이 '개혁의 딸'이다. "아빠 사랑하잔아"라고 하면 "고맙자나"라고 답하는 자나체까지, 그야말로 역대급 애착이다. 배타성에서도 명팬덤은 문팬덤을 훨씬 능가한다. 딴소리하는 정치인들을 수박으로 멸칭하면서 그들 대부분을 공천에서 힘으로 탈락시켰다. 당의 결정도 뒤집고, 당헌 당규의 개정도 수시로 이뤄 낸다. 2024년 5월 제22대 국회의장 경선을 둘러싸고 탈당까지 불사하는 실력 행사를 통해 당원 주권 강화를 더 세게 밀어붙이고 있다. 이쯤 되면 호불호나 긍·부정을 떠나 팬덤의 패권화라고 해도 무방할 만큼 놀라운 기세로 정당 등 제도적 영역까지 거침없이 '잡아먹고' 있다.

정당의 약세 배경에 팬덤이 있다

현대 민주주의는 정당 민주주의이다. 정당들이 번갈아 가면서 집권하는 것으로 구현되는 민주주의라는 얘기다. 그런데 민주화 이후 우리 정당들은 강해지기보다 약해졌다. 노무현 대통령 탄핵 이후 정치적 대치가 일상화됐고 그러다 보니 정치의 공간이 매우 협소해졌다. 이런 상황에서 정당들은 지구당을 없애는 등 당의 사회적 기반을 좁히는 한편 공천 민주화, 즉 정당의 공천에 시민들이 참여할 수 있도록 문을 열어 주는 개방에서 해법을 찾았다. 바로 온라인 당원 제도다. 그 결과 당원 수가 어마어마하게 늘어났다. 중앙선관위에 따르면, 당원 수가 2004년 약 200만 명에서 2021년 1000만 명으로 늘어났다. 인구수 대비로 보면 4%에서 20%로 폭증한 셈이다.

이렇듯 당원 수는 늘어났지만 정당은 되레 허약해졌다. 정당의 이름과 지도부는 집권 여부에 상관없이 수시로 바뀌었고, 비상대책위원회 체제가 일상적으로 꾸려지곤 했다. 정치학자 최장집에 따르면 원래 정당들이 해야 할 일, 즉 자신이 기반을 두고 있는 사회 집단들의 요구와 의사, 이익과 가치를 대표하거나 매개하는 역할은 거의 소멸되거나 뒷전으로 밀려났다는 것이다. 정당 안팎에서 소셜 미디어를 통해 의견과 가치를 공유하는, 잘 조직화된 운동 집단들과 언론 매체들이 특정 방향으로 여론을 창출하거나 조직화한다. 이 집단들이 정당의 방향과 가치를 실제로 선도하기에 이른 것이다. 그 결과 정치의 개인화, 즉 정치의 주역이 정당에서 개인으로 넘어갔다.

이런 점을 감안하면 팬덤 정당이 등장하게 된 책임을 오롯이 정치 팬덤의 과잉 행동이나 팬덤을 동원하는 특정 정치인의 야심에게만 지우긴 어렵다. 팬덤이 당원의 이름으로 텅 빈 정당을 접수하고, 그들의 의지와 열정에 의해 특정 정치인이 지도자로 부각되는 현상은 한두 사람에 의해 만들어진 것이 아니라 정치 개혁이 추동한 큰 흐름, 즉 참여의 확장 속에서 생겨났다고 봐야 한다. 그런데 문제는 이런 팬덤 정치에는 매우 위험한 구조적 동학이 작동하고 있다는 점이다. 팬덤 당원들이 보여 주는 열광과 적대의 감정은 거대한 규모의 당원들을 결속시키는 유용한 방식이긴 하나 결정적 단점이 있다. 팬덤이 정치를 죽이고 있다. 다시 말해, 이견을 존중하고 서로 다른 대안을 놓고 경쟁을 벌이는 정치의 공간이 줄어들게 됐다. 타협이나 다른 생각은 배신, 내부 총질로 간주되기 때문이다. 더 큰 문제는 사회경제적 어젠다가 뒷전으로 밀리는 것이다. 죽느냐 사느냐 하는 선명한 대치는 삶의 이슈보다는 성패에 집착하는 게임 프레임에 매몰되게 만들기 때문이다.

역사적 맥락에서 보면 팬덤 정치는 정치 실패 또는 정치 무능이 불러온 현상이다. 참여 의지를 가진 시민들이 정치의 주체로 나서서 세상을 바꿔 보려는 시도라는 측면이 있기 때문에 팬덤 정치를 무조건 죄악시할 순 없다. 그렇게 해서는 그 폐해가 해소되기는커녕 더 커질 것이다. 우리가 정치 팬덤을 시끄러운 소수, 광신의 무리로 자리매김하면 정치는 더 열화되고 갈수록 흑화될 것이다. 이러다간 어쩌면 정치 때문에 나라가 망할 수도 있다. 따라서 지금 필요한 것은 팬덤 정치가 올바른 방향으로 나아갈 수 있도록 유도하는 노력이다. 이는 오롯이 정치인의 몫이다. 특히 정치 지도자들이 비전과 소신을 갖고 팬덤을 이끌어 가는 '책임'의 리더십보다 정치적 이득을 위해 그들의 혐오를 부추기고 그 대가로 권한을 늘려 주는 '거래'의 코트십courtship을 추구하는 것을 경계하고 막아야 한다.

당이 게토화되고, 행태가 일베화되면 정치는 죽고 결국 나라도 망가지기 마련이다. 시간이 별로 없다.

_2024년 6월 6일

수구로 역주행한 보수 정당, 검찰 파트너로 전락하다

정치적 양극화, 팬덤 정치를 우리 시대의 병폐로 지목했다. 그 원인도 두루 짚었다. 그 기저 요인underlying factor에도 주목할 필요가 있는데 바로 보수·진보 정당의 정치적 왜소화다. 사회는 끊임없이 변화하고 정당은 그 변화에 적절하게 반응해야 한다. 어떻게 반응할 것인지에 대한 선택, 즉 전략적 기변strategic maneuver에 따라 선거 승패와 당세가 결정된다.(마크 브루어) 나아가 민주주의의 질, 사회의 수준도 달라진다. 현재의 국민의힘 계열 정당과 민주당 계열 정당은 그 지향하는 가치, 지지 기반 등에서 외연을 넓히기보다는 계속 안으로 움츠리고 쪼그라드는 방향으로 움직였다. 근시안적 사고, 얕은 정치적 셈법과 내부 권력 게임 때문이다.

1990년에 있었던 3당 합당은 흔히 야합이라고 표현된다. 당시 여당이던 민주정의당, 야당이던 통일민주당과 신공화당이 합당해 민주자유당을 결성한 것은 그 2년 전 총선에서 표출된 민심, 즉 여소야대의 4당 체제를 인위적으로 뒤집는 것이기에 비판받아 충분하다. 이 합당으로 217석의 초거대 여당이 만들어졌지만 1992년 총선에서 149석으로 '폭망'했다. 3당 합당에 대한 심판으로 해석됐다.

3당 합당이 비록 싸늘한 평가를 받았지만 보수 정당의 입장에서 보면 이념적 확장과 지지 기반 확충을 위한 좋은 기회였다. 3당 합당 이후 한민족 공동체 통일 방안의 제안을 시작으로 노태우 정부는 적극적인 남북 대화 노력을 통해 1991년 남북한 유엔 동시 가입과 남북 기본 합의서 체결, 1992년 비핵화 공동 선언과 한반도에서의 전술핵 철수라는 성과를 이뤄 냈다. '평화'는 이처럼 보수 정당 내에 하나의 가치 축으로 자리 잡았다. 3당 합당으로 보수 정당에 합류한 통일민주당은 그 당의 리더인 YS(김영삼)으로 상징되듯 DJ(김대중)와 더불어 민주화 운동의 양대 축 중 하나였다. 김영삼은 집권 후 지방 자치 전면 실시, 공직자 재산 공개, 군사조직(하나회) 척결 등 민주주의를 한 발 더 진전시켰다. '민주'도 보수 정당의 가치로 내화된 셈이었다.

2000년대 이후
보수 정당의 행보

2012년 새누리당(현 국민의힘)의 대선 후보였던 박근혜는 현직 대통령(이명박, MB)에 대한 광범위한 거부 정서와 2008년 금융 위기로 초래된 경제 악화 등을 고려해 경제 민주화와 복지 확대를 공약으로 내걸고 당선됐다. 2011년 서울시장 보궐 선거에서 무상 급식 이슈가 쟁점이 됐고 야당인 박원순 후보가 당선됐다. 그의 당선은 천안함 폭침을 부각하는 여당의 안보 프레임에 맞서 야당이 제기한 무상 급식의 복지 프레임이 승리했음을 의미했다. 따라서 박근혜 후보가 이전의 '줄푸세(세금은 줄이고, 규제는 풀고, 법과 질서는 세우자)' 노선에서 복지로 전환한 것은 시대 변화에 따른 기변이었다. 그는 보편적 기초 연금과 무상 보육 공약 등 '복지'로 승리했다.

시대 흐름 때문이든, 생존을 위한 몸부림이나 선거 승리를 위한 일시적 변신이든 보수 정당은 평화·민주·복지 어젠다를 수용했다. 물론 이 세 어젠다가 동시에 구현된 것이 아니었고, 세부적으로 보면 각각의 어젠다 모두 부족함이 있었던 것도 사실이다. 그러나 박정희-전두환 정부의 횡한 반공 보수 시대에 견줘 보면 놀라운 진화였다. 그러나 보수 정당은 자기 부정하듯 하나씩 하나씩 이들을 벗어던졌다.

1998년 처음으로 야당이 된 보수 정당은 정치적 이득을 위해 DJ 정부의 평화 정책(햇볕 정책)을 시종일관 물고 늘어졌다. 2008년 재집권 후에도 달라지지 않았다. MB 정부는 취임 초부터 여론의 뭇매를 맞자 대북 강경 정책을 통해 보수층의 결집을 시도했다. 2008년 북한군에 의한 금강산 관광객 박왕자 씨 피격 사망 사건과 그로 인한 금강산 관광 중단, 2010년의 북한에 의한 천안함 폭침을 계기로 남북 간 교역의 전면 중단(5·24 조치)을 단행했다. 이로써 평화 의제는 버려졌다. 굉장히 아쉬운 대목이다. 같은 분단 국가였던 서독은 달랐다. 보수 정당(기민련)도 야당 시절 사민당의 브란트 정부가 추진한 평화 정책(동방 정책)에 격렬하게 반대했으나 다시 집권했을 때는 이 정책을 계승했다. 헬무트 콜 총리가 이끄는 기민련 정부가 이룬 통일도 이 계승이 불러온 기적이었다.

MB 정부는 민주주의에서도 후퇴했다. 문화방송MBC 〈피디수첩〉 수사 등 언론을 탄압했고, 국정원·기무사·검찰을 동원해 야당과 시민 사회를 짓눌렀다. 압도적인 대선 승리와 뒤이은 총선에서 다수 의석을 획득했음에도 집권 초기

광우병 촛불 시위에 직면하고, 4대강 사업으로 민심 이반을 초래하자 권위적 통치로 이에 맞선 탓이었다. 박근혜 정부는 취임 초부터 국정원 댓글 사건과 세월호 참사 등으로 인해 야기된 위기를 권위적 통치, 개성공단 폐쇄와 같은 대북 봉쇄 정책으로 대응했다. 박근혜 대통령은 여당을 제어하기 위해 원내 대표를 쫓아내는 한편 공천에도 개입해 진박 감별 논란까지 불사했다. 그 결과 당정 분리라는 민주화의 성과가 무력화됐다. 결국 대통령 탄핵으로 이어질 정도로 민주주의를 퇴행시켰다. 윤석열 정부도 다르지 않았다. 이준석 당 대표를 쫓아냈고 사실상 당을 사유화하고 패악질을 일삼았다. 검찰을 여당으로 삼았고, 본인은 무오류의 스트롱맨으로 군림했다.

복지도 사회권의 보장, 사회적 안전망의 차원에서 접근하기보다 약자에 대한 시혜 차원으로 전락시켰다. 윤석열 정부가 약자 복지라는 이름으로 추진하는 복지 축소가 대표적이다. 윤 정부가 추진하고 있는 '재벌 대기업이 주도하는 수출 지향적인 고품질 제조업 중심의 성장 방식은 세금과 사회 지출로 대표되는 사회적 비용을 최소화해야 경쟁력을 유지할 수 있는 경제 체제'이기 때문에 복지 확대를 포기했다는 것이 인하대 윤홍식 교수의 분석이다.

초인의 등장을 염원하는 보수

불행하게도 국민의힘 계열 정당들은 개혁 보수가 아니라 수구, 레트로 보수의 길로 역주행했다. 보수 정당이 정주행했다면 오늘날처럼 허약하고, 늘 패배할 두려움에 초조해하지 않고, 시대를 끌어가는 주도 정당leading party의 위상도 잃지 않았을 것이다. 평화, 민주, 복지 등 시대가 요구하는 어젠다를 '버린' 탓에 당은 왜소화됐다. 이쯤 되면 선거 때 외부의 셀럽에 의존할 수밖에 없다. 2022년 대선에서 자당 출신의 전직 대통령 두 명을 구속한 검사 윤석열에게 명운을 맡기는 굴욕을 자청한 것도 이런 맥락하에서 가능했다. 이제 보수 정당은 검찰 국가의 하위 파트너에 불과하다.

　박근혜 탄핵 이후 보수는 '정치'를 통해 집권을 도모하지 않는다. 정치를 통해 성과를 내고, 그 과정에서 새로운 리더십을 길러 내고, 그가 정치 역정을 통해 벼린 비전을 중심으로 집권하는 정석을 추구하지 않는다. 때문에 정당을 강화하기보다 외부의 물리적 힘으로 일거에 판을 정리하는 방식을 꿈꾼다. 박정희-전두환의 쿠데타 경험에서 유전된 사고 패턴이다. 이를 잘 보여 주는 것이 이문열의 소설《우리들의 일그러진 영웅》이다. 교실의 독재자 엄석대와 그에 맞서는 동료 학생들의 갈등을 다룬 소설이다. 그런데 이 갈등은 학생들의 집단 항거가 아니라 그간 '석대 체제'를 묵인하던 담임 선생님의 생뚱맞은 변심과 개입으로 해소된다.

그리스 연극에 등장하는 데우스 엑스 마키나Deus ex machina처럼 제3의 인물, 신적 초인이 등장해 단박에 문제를 쓸어버리는 방식, 보수는 늘 이런 해법을 열망한다. 칼럼니스트 김대중은 자신의 칼럼에서, 운동권 정치를 청산할 칼자루를 쥐고 한국 정치의 신주류로 등장한 게 윤석열과 한동훈이 주축인 검찰이라고 설명하며 여기에는 과거 운동권이 정권을 장악했던 것처럼 어떤 시대적 당위가 있다고 보았다. 대한민국에서 운동권 특권을 교정할 수 있는 적임자는 사정 기능을 가진 검찰일 수밖에 없다는 것이다.(《운동권 정치 수명》) 그들에게 군부·검찰은 백마 탄 기사다.

보수가 시대감각을 회복해 정당을 정당답게 정상화하지 못한다면, 기후 변화나 인공 지능AI 등 미래 어젠다를 끌어안지 못한다면 위기의 장기화는 불가피하리라. 무릇 새는 좌우의 날개로 날아야 하는데… 걱정이다.

_2024년 6월 21일

싸가지와 힘자랑은 진보의 가치도, 수단도 아니다

노무현 대통령이 퇴임 직전 인터뷰에서 의미심장한 얘기를 꺼냈다. 그는 1997년과 2002년 대선에서의 민주당 승리에 대해 이렇게 말했다. "나는 그것이 우리의 당연한 승리가 아니라고 봅니다. 그야말로 일회적인 승리이지요, 의외의 승리." 그러면서 승인으로는 1997년의 경우엔 보수의 분열, 2002년 대선의 경우 호남 정당의 영남 후보라는 조건을 언급했다. 진보 정당이 자기 실력으로 승리한 게 아니라는 고백이다.

빗대 보면, 2017년 대선에서 민주당이 승리한 것도 그 직전의 대규모 촛불 시위와 현직 대통령 탄핵이라는 예외적 상황이 있었기에 가능했으리란 가정도 가능하다. 그렇다고 자책할 필요는 없다. 민주당은 야당 때 시대 흐름에 조응하는 정책, 즉 평화·민주·복지를 착실히 준비했고 집권 후엔 최선을 다해 추진했다. 그 결과 선거 때마다 후보 단일화나 정당 연합 등의 방식을 취하던 익숙한 수세에서 확연하게 탈피했다. 민주 정부의 성과에 보수의 퇴행이 더해져 이제는 진보의 약한 우세가 안착되는 흐름이 확연하다.

그런데 민주당에 당혹스러운 건 이런 질문이다. 2002년 대선 후 차떼기 등으로 인해 보수 정당이 사실상 궤멸되다시피 한 데다 탄핵 역풍으로 2004년 총선에서 최초의 의회 권력 교체도 이뤄 냈는데 2007년 대선에서 대패했다. 보수 정당은 2017년 탄핵으로 또다시 붕괴 수준의 타격을 입었다. 지방 선거·총선에서 연승했음에도 2년 뒤 대선에서 5년 만에 정권을 내줬다. 도대체 왜?

뛰어난 진보는 왜 실패하는가

노무현 정부는 경제 성적도 나쁘지 않았고 정치 개혁도 이뤄 냈다. 따라서 실정에 따른 심판론은 의도된 가짜 뉴스다. 다만 사회경제적 기반을 넓히고 다지는 데 실패했다. 대학 나오고, 괜찮은 직장에 다니는 중산층 또는 중상류층이란 '울타리 안' 사람들의 목소리에 적극 호응하고, '울타리 밖' 사람들에게 무심했다. 우리가 부러워하는 독일, 스웨덴 등 북유럽 복지 국가나 미국의 뉴딜 체제는 공히 노동의 사회경제적 힘을 강화시켜 주고 그 힘이 정당을 통해 정치적으로 표출되는 방식으로 건설됐다. 민주당 계열의 정당들은 대신 국민 경선 등 포퓰리즘으로 국면적 위기를 돌파하는 방식을 선택했다. 불평등 해소보다 공평한 기회를 더 강조했다. 미국의 정치학자 엘머 에릭 샤츠슈나이더Elmer Eric Schattschneider는 "시민의 삶은 정치의 원천이다"고 했다. 약자들이 고단한 삶에서 정치의 효능감을 느끼게 하면서 유권자-정당 간 연계를 굳건히 하고 확장하는 대신 왜소화의 길을 택했다. 그랬기에 탄핵 등 보수의 전방위 공세 속에서도 대통령을 구해 냈던 그 국민이 대선에서 등을 돌린 것이다.

 2022년의 패배도 같은 맥락의 반복이었다. 약자의 삶을 개선하는 데, 그들에게 더 많은 사회적·정치적 권력을 부여하는 데 주력하기보다 울타리 안의 사람들이 신경 쓰는 어젠다에 집중한 결과였다. 코로나19 팬데믹 위기에 자영업자, 비정규직·플랫폼 노동자 등 약자들에게 더 많이 더 다양하게 지원했더라면, 경제 지표보다 금융을 통한 부동산 관리에 더 많은 신경을 썼더라면, 사회경제적 이슈에 집중하는 입법 정치를 펼쳤더라면, 검찰 개혁 프레임에 갇힌 채 불필요한 자극과 오판으로 '검사 윤석열'을 키워 주지 않았더라면 대선 승패와 이후의 정치가 많이 달랐을 것이다. 특히 집값 상승은 보통 사람들의 사회경제적 이익을 침해하는 것이자 정치적 외면으로 받아들여졌다. 결국 주어진 권력을 누굴 위해 쓸 것인지, 권력으로 보통 사람들의 삶을 어떻게 바꿔 놓을 것인지에 대한 이해와 정책, 그리고 용기가 부족했다.

진보의 눈에는 말도 안 되는 인물인 트럼프가 2016년 미국 대통령이 되고, 4년 뒤 다시 대통령직을 손에 쥔 듯한 인기를 누리는 이유도 크게 다르지 않다. 토머스 프랭크Thomas Frank가 통렬하게 비판했듯이 미국의 진보 정당은 클린턴 8년, 오바마 8년 동안 허송세월했다. 재임 시절 경제도 좋았고 인기도 높았다. 하지만 그들에게 표를 준 노동자, 흑인 등 약자들의 삶을 바꿔 놓지 못했다. 희망 고문, 배신감에 따른 분노가 인종주의와 결합해 지금의 트럼프 현상을 낳고 있다. 다시 말해, 트럼프 현상은 진보 무능의 백래시로 등장했다.

강준만이 《싸가지 없는 진보》를 출간한 해가 2014년이다. 그는 '싸가지 결핍증'이 진보의 무덤이고, 진보 정치 세력의 최대 약점이라고 지적했다. 그에 따르면, 싸가지는 예절이나 버릇이라기보다는 인간관계에서 남을 배려하는 마음이 없거나 그 밖의 무례, 독선, 오만, 도덕적 우월감 등을 지적할 때 쓰는 말이다. 그는 자신의 책에서 '스스로 잘난 척하는 우월감이 문제'라며 '우월감이야말로 싸가지 없는 진보의 동력'이라고 꼬집었다. 10년이 지난 지금, 달라졌을까? 그래 보이지 않는다. 팬덤의 박수를 때론 나태, 때론 과속의 커버cover로 삼고 있다.

압도보다 포용, 강자보다 약자

미국의 양극화와 트럼프 현상을 설명하면서 비슷한 주장이 제기됐다. 미국의 진보가 'know-it-all', 즉 자신을 남들보다 더 많이 알고 있다고 생각하는 지적 오만함이 원인이라는 얘기다. "태도는 주변 세상에 대한 우리의 노골적이거나 암묵적인 평가다. 태도는 사고의 틀이고, 긍정적이거나 부정적인 마음의 지향성이다."(마이클 린치) '술 취한 삼촌'처럼 항상 나는 맞고 너는 틀렸다는 식의 가르치려는 태도가 정치적으로 생각이 다른 사람들을 깔보고 정복해야 할 야만 부족인 양 혐오하는 부족적 오만tribal arrogance을 낳았고, 이게 위기의 원인으로 작동하고 있다는 설명이 남 얘기처럼 들리지 않는다.

민주당이 숱한 강점과 선거 승리, 특히 2020년과 2024년 총선에서 압도적 연승sweep에도 불구하고 시대적 대세로 자리 잡지 못하는 이유 중에 이러한 싸가지 결핍증, 부족적 오만도 있다. 보수 세력의 정체성을 의도적으로 친일-독재에 가둬 두고, 자신과 그들의 차이를 선악으로 구분하며 적대한다. 상대를 인정하는 가운데 우열을 다투면서 성과를 만들어 내는 책임 정치가 아니라 지적·도덕적 우월감으로 윽박지르는 신념 정치에 빠져 있다. 그래서 선거 승리를 한 시대를 끌어가는 안정적 다수 연합으로 발전시키지 못하는 것이다. 역사적으로 성공한 진보의 사례를 보면, 진보가 보수를 파트너로 존중할 때 그리고 보수 세력의 일부와 연대할 때 다수파가 됐고 세상을 바꿨다. 스웨덴의 사민당SAP은 오만과 배제가 아니라 타협과 포용으로 복지 국가를 일궈 냈다. 이렇듯 수적 과시나 힘자랑은 진보의 가치도 아니고, 만

능의 보검도 아니다.

컬럼비아대학의 마크 릴라Mark Lilla 교수는 2016년 대선에서 트럼프에게 패배한 후 트럼프의 일탈적 모습에 매몰되면 안 된다고 일갈했다. 미국 민주당은 선거 때마다 숱한 가치, 공약, 정책 제안을 했지만 정작 보통의 사람들이 살아가는 일상을 어떻게 바꿀 것인지에 대한 비전, 살아가는 방식이 어떻게 달라질 것인지에 대한 상image을 제시하지 못해서 패했다는 게 그의 진단이다. 정치 자금이나 허위 광고, 의혹 제기, 인종주의 때문이 아니라 더 나은 삶을 구상하는 경쟁에서 스스로 퇴각해서 졌다는 뜻이다. 지금 민주당에는 예의 평화와 복지만 익숙하게 되뇔 뿐 더 낫게 다듬거나 새로운 콘텐츠가 없다. 소득 수준은 상층이나 스스로 중산층이라고 여기는 이른바 '심리적 비非상층'을 과잉 대표하고 있다. 그러다 보니 사회경제적 약자들을 끌어당길 시대 담론이 안 보인다.

민주당이 엄청난 호조건 속에서도 2022년 어이없게 정권을 넘겨준 이유는 간명하다. 요컨대 진보 인프라의 구축과 사회경제적 약자들을 정치적으로 활성화시키는 비전이나 담대함의 부족이다. 다시 강조하건대 지금까지 검증된 진보의 성공 문법은 약자들의 삶을 실질적으로 개선하고,

그들의 사회적·정치적 힘을 강화시키는 것뿐이다. 진영 대결에 빠져, 시끄러운 소수의 환호에 취해 시간을 허비하면 흉내만 내는 '유사' 트럼프를 넘어 포퓰리즘 문법에 충실하고 팬덤 정치에 능한 '진성' 트럼프가 순식간에 이 땅의 정치를 삼켜 버릴지도 모른다.

_2024년 7월 5일

보통 사람들의
마음을 얻는 것이 좋은 정치

영화 〈글래디에이터〉에서 가장 인상적인 장면은 검투사 막시무스가 콜로세움의 관중, 즉 로마 시민들의 지지를 얻어 황제에 맞서 승자가 되는 과정이다. 과거 검투사였던 노예상 프락시모가 검투를 앞두고 그에게 이런 말을 던진다.

"내가 최고였던 건 상대를 재빠르게 죽였기 때문이 아니라 관중의 마음을 얻었기 때문이다. 관중의 마음을 얻어라Win the crowd. 그러면 자유를 얻을 것이다."

목표를 이루려면 경기를 지켜보는 보통 사람들의 마음을 얻으라는 얘기다.

이길 수도, 질 수도 있는 것이 선거다. 늘 지는 정당은 있어도 늘 이기는 정당은 없다. 정당에는 승리나 패배 모두 일상이다. 사실 성패가 뒤바뀌는 게 민주주의다. 그럼에도 어떻게 졌는지는 가혹하게 따져 봐야 한다. 초점은 패배 그 자체보다 패배의 질이다. 미국 민주당은 유권자, 특히 자신이 대표, 대변하겠다고 한 사회경제적 약자들의 마음을 얻지 못해 졌다. 미국 민주당의 패배는 남 얘기가 아니다. 진보를 표방한, 약자나 보통 사람들의 삶을 개선하겠다고 약속하는 정당이라면 깊이 성찰해야 할 반면교사의 사건이다.

마음을 얻지 못했는데 어떻게 표를 얻을 수 있나

미국 민주당은 져도 빈틈없이 알차게 졌다. 4년 만에 백악관을 내줬을 뿐 아니라 상원과 하원도 모두 잃었다. 대통령 선거인단에서는 226 대 312로 완패했다. 지도로 보면 대서양과 태평양 연안의 파란색을 빼면 온통 빨간색이다. 11월 20일까지의 개표를 기준으로 상원은 52 대 46, 하원은 218 대 212로 공화당이 승리했다. 이른바 트라이펙타 trifecta, 레드 스윕 red sweep을 달성했다.

민주당에 가장 뼈아픈 대목은 일반 투표 polular vote에서의 패배다. 입이 10개라도 할 말이 없게 생겼다. 근래 대선에서 패배했을 때마다 민주당은 '중 염불하듯' 제도 탓을 했다. 일반 투표에서 이기고도 선거인단 득표에서 졌기 때문이다. 2016년 힐러리 클린턴은 일반 투표에서 280만 표를 더 얻었다. 2020년 조 바이든은 일반 투표의 700만 표 우위에도 불구하고 경합 주에서 근소하게 앞서 승리했다. 그랬던 민주당이 이번에는 일반 투표에서도 500만 표 뒤졌다. 전통적 지지층이 먹고사는 건 나 몰라라 하면서 성마른 'B사감'처럼 훈계만 하는 민주당에 실망해 떠난 탓이다. 그 결과 2020년에 비해 대졸 미만 저학력층, 연 소득 5만 달러 이하 저소득층에서 도널드 트럼프의 지지율이 각각 4%p, 5%p 늘었다.

 미국 민주주의가 퇴행한 이유를 반反다수결 제도에서 찾았던 학자들도 머쓱하게 됐다. 정치학자 스티븐 레비츠키와 대니얼 지블랫은 선거인단 제도가 다수결에 반한다며 미국 민주주의의 민주화democratizing를 제안한다. 그들은 꼭 필요한 개혁의 하나로 선거인단 제도의 폐지를 꼽는다. '선거인단 제도를 폐지하고 이를 전국적인 보통 선거로 대체'해야 한다는 것이다.(《어떻게 극단적 소수가 다수를 지배하는가》) 다수가 권력을 차지하고 그들로 하여금 강력하게 통치할 수 있게 하자는 구상이 그들의 개혁 비전이다.

그런데 트럼프가 당선되자마자 다수파로서 강력한 권한을 행사할 것을 예고하고 있다. 보도에 따르면 트럼프는 상원의 장관 인준 권한과 예산 편성권을 손보겠다고 한다. 일반 투표에서도 크게 승리한 트럼프가 다수결의 논리로 자신의 어젠다와 프로그램을 밀어붙인다니 그간 공화당이 소수임에도 전횡을 일삼아 온 걸 비판하며 다수 지배를 강조한 이들로선 난감하게 됐다.

민주당의 패배에 대한 원인 분석이 쏟아지고 있다. 그중에서 민주 사회주의를 표방하는 버니 샌더스 상원의원의 일갈이 가장 통렬하다. "민주당의 선거 참패는 놀라울 게 전혀 없다. 민주당은 투표장에서 자신이 먼저 버린 노동 계급으로부터 버림받았다. 지난 선거에서는 백인 노동자들의 표를 잃더니 이번에는 라틴계, 흑인 노동자들의 표까지 잃었다. 미국인들은 지금의 부조리에 분노하고 변화를 원하고 있다. 그러나 민주당 지도부는 현상 유지를 우악스럽게 고집했다. 유권자들의 선택은 옳았다." 얘기 끝!

눈앞의 불평등을 외면하면 이길 수 없다

전조 없는 사고는 없다. 민주당이 백인 노동자들의 마음을 잃고 있기 때문에 매우 불리한 상황이라는 지적은 선거 오래전부터 끊이지 않았다.

"중국과의 자유 무역으로 인해 발생한 계급·문화적 분노는 이제 백인 노동자들 사이에서 내재화되고 자생력을 갖게 됐다. 여기에는 기술·문화·정치적 요인도 있었다. 지금 백인 노동자들의 분노와 불만은 산불처럼 계속해서 스스로 바람을 일으켜 불씨를 날라 사방으로 퍼뜨리고 있다." 매사추세츠공과대MIT 경제학 교수인 데이비드 오터David Autor의 대선 2년 전 진단이다.

하버드대 도시정책학 교수인 고든 핸슨Gordon Hanson도 그즈음 비슷한 지적을 했다. "민주당은 지금 자유 무역과 동의어나 다름없는 정당으로 인식되고 있다. 빌 클린턴 대통령은 북미자유무역협정NAFTA과 중국의 세계무역기구WTO 가입을 밀어붙였다. 버락 오바마 대통령은 환태평양경제동반자협정TPP 성사를 위해 안간힘을 썼다. 모두 제조업 일자리를 앗아간 주범으로 여겨지고 있는 것들이다."

자신들이 지지한 정당이 되레 자신들의 일자리를 빼앗은 꼴이니 그들로선 믿는 도끼에 발등 찍히는 배신감을 느낄 수밖에 없었다. 그 가슴속 응어리를 트럼프가 콕 집어 자극했다. "여러분에겐 더 이상 잃을 것도 없지 않습니까?"

이런 형편에도 바이든 정부는 많이 부족했다. "바이든 대통령은 불평등을 시정하기 위해 노동자의 편에 서겠다는 공약을 실천에 옮겼다. 그래서 나도 바이든 대통령을 지지해 왔다. 그러나 민주당이 당 차원에서 할 수 있는 걸 다했냐고 묻는다면 노력이 턱없이 부족했다. 최저 임금을 올리는 문제나 의료 보험 부담을 줄여 주는 문제는 계속해서 정책 우선순위에서 밀렸다." 샌더스의 평가다. 그래서 그는 "유권자들이 트럼프에게 기대하게 되는 건 이해할 수 있는 상황"이라고 했다.

카멀라 해리스 선거 캠프 역시 안이했다. 배고파 우는 이에게 클래식 음악을 틀어 주는 '공제'도 기가 차는데, 클래식 음악을 모른다고 또 힐난하는 식이었다. 대선이 막바지로 접어들던 2024년 10월 오바마 전 대통령이, 해리스에게 유보적인 흑인 남성들에게 이런 말을 했다. "혹시 여성을 대통령으로 뽑는 게 불편한 건 아닌지 스스로 좀 돌아보시죠." 미국은 인종 갈등으로 내전까지 치른 나라다. 그런 나라에서 사상 최초로 흑인 대통령이 된 그조차도 불씨가 어디에 있는지 모르고 있었다. 어쩌면 알고 싶지 않을지도…. 얼마나 한심하게 보였던지 칼럼니스트 브렛 스티븐스Bret Stephens가 이렇게 비꼬았다.

"세인트루이스 연방준비은행의 자료에 따르면, 흑인 정규직 노동자의 임금은 트럼프 재임 중에 가파르게 오르다가 바이든 행정부 아래서는 거의 정체됐다. 이렇게 상식적으로 이해가 가는 설명을 놔두고 굳이 누군가를 꾸짖고 모욕 주는 논리를 찾는 이유는 뭘까?"

《소셜 애니멀》의 저자인 데이비드 브룩스David Brooks는 《뉴욕타임스》칼럼에서 이렇게 직격했다.

"민주당에 주어진 임무는 단 하나, 불평등과 싸우는 것이다. 바로 눈앞에 이토록 극심한 불평등이 보란 듯이 존재하는데 많은 민주당 사람들은 이를 보지 않았다. 많은 좌파가 인종 불평등, 젠더 불평등, 성소수자 불평등에 집중했다. … 좌파가 정체성 행위 예술로 방향을 트는 사이 트럼프는 두 발 벗고 계급 전쟁에 뛰어들었다. 퀸즈 출신 트럼프의 맨해튼 엘리트에 대한 분노는 미국 전역의 시골 사람들이 느끼는 계급적 적개심과 마법처럼 맞아떨어졌다. 트럼프의 메시지는 간단했다. '이 사람들은 당신을 배신했을 뿐 아니라 무식한 얼간이로 여긴다.'"

　　미국 민주당의 패배가 진보 정치에 주는 교훈은 간단명료하다. Win the crowd!

_2024년 11월 22일

성공한 대통령이 되려면 탄핵 결정문을 보라

'한국 대통령은 위험한 직업이다.' 중국의 소셜 미디어에서 떠도는 말이라는데 틀린 말이 아니다. 초대 대통령 이승만은 국민에 의해 쫓겨났다. 박정희 대통령은 부하의 손에 의해 시해됐다. 노무현 대통령은 국회의 탄핵 소추, 이른바 의회 쿠데타로 그 자리에서 밀려날 뻔했다. 퇴임 후 그는 살아 있는 권력의 박해로 죽음에까지 내몰렸다. 박근혜 대통령은 사상 최초로 탄핵 심판을 통해 파면됐다. 2025년 4월 4일 윤석열 대통령도 헌법재판소 결정으로 그 직을 박탈당했다. 그러니 아무리 좋게 봐도 한국의 대통령 자리는 매우 위험한 자리다. 퇴임 후에도 온갖 고초를 겪어야만 하는 '극험' 그 자체다.

그런데 왜 다들 대통령이 되고 싶어 할까? 권력욕, 사명감, 부추김, 떠밀림 등이 이유로 거론될 수 있을 것이다. 동기가 뭐든 대통령이 그 나라와 국민에게 끼치는 막대한 영향력을 감안하면 대통령을 해 보겠다고 나서는 사람이 많은 건 좋은 일이다. 주권자인 국민으로선 선택지가 넓어지는 것이고, 확률적으론 후보군이 풍성하면 그중에 괜찮은 카드가 끼어 있을 가능성이 커지기 때문이다.

윤석열이 노무현과 박근혜의 탄핵 결정문을 읽었더라면

대통령 자리가 지닌 위험성을 피해 가는 데 안내서가 될 만한 좋은 텍스트가 있다. 바로 헌법이다. 헌법에 정한 대로 하면 된다. 헌법에서 금지한 것을 하지 않으면 되고, 헌법에서 요청하는 것을 적극적으로 하면 된다. 레퍼런스도 있다. 실패한 대통령 사례에서 배우면 된다. 어떻게 배울지 모르겠다면 헌재의 탄핵 결정문을 읽어 보길 권한다. 3번의 탄핵 사례가 있었으니 3건의 탄핵 결정문이 있다. 그 결정문을 찬찬히 밑줄 그으며 읽고 깊이 새기면 '대통령 노릇 잘하는 법'을 충분히 파악할 수 있다.

노무현 대통령에 대한 헌재의 탄핵 결정문에 이런 대목이 있다.

> 대통령은 '법치와 준법의 상징적 존재'로서 자신 스스로가 헌법과 법률을 존중하고 준수해야 함은 물론이고, 다른 국가기관이나 일반 국민의 위헌적 또는 위법적 행위에 대하여 단호하게 나섬으로써 법치국가를 실현하고 궁극적으로 자유민주적 기본질서를 수호하기 위하여 최선의 노력을 기울여야 한다.

어쩌면 윤석열 대통령이 '다른 국기기관'을 국회로, '위헌·위법적 행위'를 탄핵 남발과 예산 삭감으로, '단호하게 나섬'을 비상계엄으로 오독했을 수도 있겠다는 생각이 든다.

그런데 이 결정문에는 이런 내용도 있다. '대통령이 자유민주적 기본질서를 수호하고 국정을 성실하게 수행하리라는 믿음이 상실되었기 때문에 더 이상 그에게 국정을 맡길 수 없을 정도에 이르렀다고 보아야' 하는 경우의 하나로 '대통령이 권한을 남용하여 국회 등 다른 헌법기관의 권한을 침해하는 경우'를 적시하고 있다. 윤 대통령이 저지른 불법 계엄을 꼭 집어 말하는 것 같다. 따라서 윤석열 대통령 탄핵 심판이 생각보다 시간이 많이 걸리긴 했지만 헌재로선 파면 결정이 처음부터 불가피했다.

박근혜 대통령 탄핵 결정문에도 눈에 띄는, 대통령을 꿈꾸는 사람들이 각별히 새겨야 할 지적이 있다. 박 대통령이 "최서원(최순실)의 국정 개입을 허용하고 국민으로부터 위임받은 권한을 남용하여 최서원 등의 사익 추구를 도와주는 한편 이러한 사실을 철저히 은폐한 것은 대의민주제의 원리와 법치주의의 정신을 훼손한 행위로서 대통령으로서의 공익 실현 의무를 중대하게 위반한 것이다." 사인의 국정 개입을 허용하면 안 된다, 대통령 권한을 남용해 사익 추구를 도와주고 은폐하면 탄핵 사유가 된다는 얘기다.

윤 대통령은 부인 김건희의 국정 개입 용인을 넘어 아예 의존했다. 대통령의 거부권을 남용하고, 검찰권을 활용해 부인에 대한 온갖 의혹의 소명을 가로막았다. 주가 조작으로 이득을 얻었다는 의혹이 넘쳐 나도, 명품백을 대놓고 받아도, 공천에 개입해도 대통령은 자신의 권한을 이용해 부인의 사익 추구를 편들거나 은폐하려 했다. 이는 제도적 부패다. 따라서 헌재로선 파면 외에 다른 선택을 할 수 없는 것이다.

민주주의는 힘자랑이 아닌 존중과 배려

트럼프 미국 대통령은 두 차례나 탄핵 소추당했다. 그중에서 두 번째는 의회 폭동을 선동한 것에 대한 문책 차원이었다. 하원에서 탄핵 소추를 의결할 때 10명의 공화당 하원의원이 찬성표를 던졌다. 초당적 탄핵이란 모양새를 갖추는 데 도움이 됐다. 그럼에도 그 탄핵안은 상원에서 최종 부결됐다. 공화당 소속 상원의원 7명이 탄핵에 찬성표를 던졌으나 3분의 2에 못 미쳐 부결됐다. 만약 미국이 탄핵 심판 권한을 우리처럼 헌재에 뒀다면 결과가 어땠을까?

근래 미국은 법원마저 정치적 양극화에 적지 않게 '오염'되어 있기 때문에 별반 다르지 않을 거란 분석도 가능하다. 하지만 100% 정치적으로 판단하지 않고 우리 헌재처럼 헌법·법률을 중심에 놓고 판단했다면 인용 가능성은 더 컸을 테고, 그랬더라면 트럼프의 2차 집권은 막을 수 있었을 것이다. 이렇게 보면 민주주의의 보루가 된 헌재의 존재가 참 다행스럽게 다가온다.

헌재의 이번 결정으로 또 다른 윤석열의 등장을 막을 차단벽을 하나 더 세우긴 했으나 완벽하진 않다. 세상에 완벽한 제도는 없다. 제도를 우회할 방법은 얼마든지 있다. 그럼에도 불구하고 더 진화된 윤석열이 출현하지 않게 하려면 더 촘촘한 제도적 장치를 마련해야 한다. 정당들이 엉터리나 빌런을 걸러 내는 게이트키핑 역할을 충실히 해 줘야 한다. 또 상대를 존중하고 권력을 자제하는 민주적 규범이 확고하게 자리 잡도록 해야 한다. 성공한, 아니 최소한 실패한 대통령이 되지 않으려면 헌재 결정문에서 배워야 한다.

> 대통령이 헌법의 대통령제와 대의제의 정신에 부합하게 국정을 운영하는 것이 아니라, 여소야대의 정국에서 재신임 국민투표를 제안함으로써 직접 국민에게 호소하는 방법을 통하여 직접 민주주의로 도피하려고 하는 행위는 헌법 제72조에 반할 뿐만 아니라 법치국가 이념에도 반하는 것이다.

노무현 대통령 탄핵 결정문의 한 부분이다. 헌법 제72조는 대통령이 필요한 경우 외교, 국방, 통일, 기타 국가 안위에 관한 중요 정책을 국민 투표에 부칠 수 있도록 규정해 놓은 조항이다. 대통령이 국민에게 직접 호소하는 행위는 대통령들이 즐겨 사용하는 정치 수단이나 무분별하게 사용되면 안 된다. 우리 헌법이 정한 대의제의 정신에 맞게 제한적으로 사용해야 한다. 싫든 좋든, 밥이 되든 죽이 되든, 대통령은 국회와 어울리고 야당과 부대끼며 거래해야 한다. 대통령은 직접 민주주의보다 의회 민주주의를 더 존중해야 성공한다.

박근혜 대통령 탄핵 결정문에선 여길 주목하면 좋겠다.

> 대통령은 그 권한을 헌법과 법률에 따라 합법적으로 행사하여야 함은 물론 그 성질상 보안이 요구되는 직무를 제외한 공무 수행은 투명하게 공개하여 국민의 평가를 받아야 한다.

공무 수행의 공개가 없으면 사를 두게 되고 마가 끼기 마련이다. 공개해야 조심하고, 견제와 균형 기제가 실효적으로 작동할 수 있다. 의회와 언론 그리고 국민의 감시와 평가가 상시적으로 이뤄질 수 있기 때문이다.

공직자로서 자부하는 소명 의식과 애국심 때문에 그들은 곧잘 국회나 언론, 시민 단체, 나아가 국민의 평가를 꺼리고 불편해한다. 이처럼 자신의 둘레에 벽을 쌓기 시작하면서 망조가 든다. 어떤 공격이나 실책에도 흔들림 없이 인기를 누리는 대통령에게 테플론Teflon이란 수식을 붙인다. 테플론 대통령의 대표 사례인 레이건도 공개를 피해 추진한 이란-콘트라 사건으로 절체절명의 위기에 처한 바 있다.

하나 더, 윤석열 탄핵 결정문의 한 구절이다.

> 민주주의는 대등한 동료 시민들 간의 존중과 박애에 기초한 자율적이고 협력적인 공적 의사결정을 본질로 한다.

민주주의는 힘자랑이 아니라 존중이고 배려라는 얘기다. 민주주의는 동료 시민에 대한 사랑이자 동료 시민과 함께 사는 공존이다.

> 민주주의는 그 누구에게도 등을 돌리지 않는다!
> 민주주의는 스스로 옳다고 확신하지 못하는 사람들을 위한 정치 체제다.

정치학자 엘머 샤츠슈나이더의 충언이자 경구다.

_2025년 4월 11일

| 에필로그 |

이재명 정부와
보통 사람들을 위한 정치

성공한 대통령이란 평가, 모든 대통령들의 로망이다. 그런데 하나의 정부 또는 대통령이 성공했는지 실패했는지 평가할 때 준거로 삼을 만한 합의된 기준은 없다. 상식적으로 생각해 보면 퇴임 시점의 지지율이나 정권 재창출 여부를 잣대로 삼을 수 있지 않을까 싶다. 둘 중에서도 재창출 여부가 지지율의 고하보다 더 중요하다. 현 정부의 지지율이 높다고 재창출에 성공하는 것도 아니고, 높은 지지율이 정권 교체 후에 안전판으로 작용하는 것도 아니기 때문이다.

미국을 예로 들면, 클린턴 대통령의 지지율이 높았음에도 2000년 대선에서 민주당의 고어는 공화당의 아들 부시에게 패배했다. 오바마의 뒤를 이은 힐러리도 2016년 트럼프에게 예상외로 패배했다. 2002년 김대중 대통령의 인기는 그야말로 바닥이었으나 노무현은 이회창을 꺾고 신승했다. 이명박 대통령에 대한 반MB 정서가 광범위했음에도 2012년 문재인은 박근혜에게 패배했다.

정권 교체가 이뤄지면 '교체성'을 강조하기 위해 새 정부는 지난 정부를 부정하거나 폄훼하는 유혹에 쉽게 빠져든다. 양극화 정치가 요구하는 혐오와 적대가 대선 승리 후에는 '청산'으로 발현되기 때문이다. 지지층이 상대 후보와 세력에 대한 핍박과 단죄를 요구하는 이상 마냥 이를 외면하기도 사실 쉽지 않다. 이런 정치 지형인 데다 검찰이 이 틈을 활용해 개혁을 피하기 위한 수단으로 수사 포퓰리즘을 동원하는 데 성공하게 되면 현 정부와 과거 정부, 승리한 정당과 패배한 정당 간의 죽느냐 사느냐 하는 정치 전쟁에 돌입하게 된다.

대통령이나 집권당으로선 정권을 빼앗기게 되면 그야말로 존망의 위기에 몰리게 되고, 성과나 업적도 부정당하기 십상이다. 그래서 으레 전 정부는 실패한 정부로 낙인찍히게 된다. 반대로 정권을 재창출하게 되면 성공은 아니더라도 실패한 정권으로 내몰리지 않게 된다. 김대중 대통령이나 이명박 대통령은 정권 재창출에 성공해 퇴임 후 큰 낭

패에 직면하진 않았다. 반면, 노무현 대통령이나 박근혜 대통령은 정권을 넘겨줌으로 인해 엄혹한 시련에 내몰려야 했다. 이렇게 보면 대통령이나 정부의 성패는 정권 재창출 여부에 달려 있다고 해도 과언이 아니다.

대통령의 일상적 국정 운영에는 지지율이 관건이다. 주간 단위로 발표되는 지지율은 국정 성과나 행태 등에 대한 대중적 평가라 할 수 있다. 대통령은 헌법과 법률, 관행에 따라 막강한 권한을 부여받는다. 그러나 이 막강한 권한도 지지율이 뒷받침되지 않으면 조자룡의 헌 칼일 뿐이다. 대통령의 마지막 밑천, 최후의 보루는 법적 권한이 아니라 지지율이다. 이런 탓에 지지율이 깡패라는 말까지 회자된다. 대통령이 성공하려면 지지율에 신경 써야 한다.

이재명 대통령의 집권 기반은 매우 양호하다. 대선에서 8.27%(289만여 표) 차이로 2위 후보를 압도했다. 정치권 어디에도 이 대통령과 맞설 만한 리더가 없다. 라이벌 정당인 국민의힘은 내홍에 빠져 견제는커녕 제 몸 건사도 제대로 못하고 있다. 2025년 7월 현재, 영남 주류와 이른바 '윤핵관 그룹'이 여전히 당을 장악하고 있다.

여당이 국회에서 압도적 의석을 확보하고 있는 것도 대단한 강점이다. 여소야대에선 아무리 대통령이라도 뭐 하나 제대로 밀어붙이기 어렵다. 대통령에게 국회의 다수당이 의결한 법안에 대해 재의 요구권, 즉 비토권이 주어져 있지만 이는 방어적 수단일 뿐이다. 여당이 과반 의석을 가지고 대통령의 정책과 행보를 백업back-up해 주면 대통령의 힘이 훨씬 세진다. 지금의 민주당은 이재명 대통령에 대한 로열티가 매우 강하다. 이 대통령은 여당의 눈치를 살피지 않아도 된다. 언제까지 이런 분위기가 이어질진 몰라도 민주화 이후 그 어떤 대통령도 누려 보지 못한 이점이다.

불리한 조건도 적지 않다. 진보 대 보수 간의 선거 경쟁이 호각지세라는 점이 우선 눈에 띈다. 2022년 대선과 2025년 대선에서 양당 간의 득표율 격차는 각각 1.64%p, 0.91%p였다. 근소하게 진보가 앞서긴 했지만 안정적 우위라고 보긴 힘들다. 게다가 진보로선 지난 대선에 비해 이번 대선이 훨씬 유리한 조건이었음에도 그 격차가 0.73%p 줄었다. 이런 박빙의 구도, 안정적 다수 연합stable majority coalitions을 구축하지 못한 상태에서는 작은 계기에도 지지율, 나아가 정치적 역관계가 얼마든지 요동칠 수 있다.

다음으로 굳건한 정서적 양극화의 문제다. 국힘 지지층의 자발적 판단인지 아니면 보수 엘리트들의 의도적 동원인지 몰라도 계엄을 옹호하고 탄핵을 반대한 국힘 후보에게 표를 준 유권자가 41%를 넘는다. 이들 전부가 국힘의 현재 노선이나 김문수 후보를 지지해서 표를 줬다고 단정하긴 어렵다. 그러나 이들이 대체로 '반反이재명' 정서를 공유하는 건 분명해 보인다. 제20대 대선의 윤석열의 예가 말해 주듯 이 41%가 여권의 실정이나 사고 등에 기반한 반사 이익에 편승해 세를 불리기 시작하면 강력한 대항·대안 세력으로 자리 잡게 될 것이다. 한국갤럽의 2025년 7월 15~17일 조사에서 이재명 대통령에 대한 부정적 평가는 23%였다. 국힘의 대선 득표율이나 탄핵 반대 여론 35%에 견줘 보면 매우 낮다. 이 부정적 평가가 35%, 최악의 경우 41%를 넘으면 그때 위기가 시작될 것이다.

연세대학교 최영준 교수와 복지국가연구센터 연구팀이 2025년 3월 전국 1000명을 대상으로 실시한 설문 조사에서, 한국 사회의 극우 성향은 전체의 21%에 달하는 것으로 나타났다. 과연 21%가 실체가 있는지는 더 논구해 봐야겠지만 어쨌든 극우의 존재가 무시 못 할 규모인 건 분명해 보인다. 솔즈베리대학교 정치학과 교수 남태현은 자신의 책에서 '극우는 더 이상 뒤에서 소리만 지르는 존재가 아니라 국정을 움직이고 권력의 중심과 직결된 행위자'로 보았다. 또 '한국 사회가 활짝 열린 극우 시대의 문으로 들어갈지 아직 알 수 없다'고 우려했다.(《극우의 노래》) 새로운 시대에 비전과 전망을 상실한 보수(국힘)가 극우에 포획돼 끌려다니면 극우의 실체가 얼마든 이재명 정부에게 상당한 부담이 될 것이다.

이재명 대통령의 통치 스타일은 장점이자 단점이다. 집권 초기의 높은 지지율이 보여 주듯이 실용적 행보는 득점 포인트다. 의사 결정이 기민하고, 책임 있는 모습으로 여론에 적극 호응하려 애쓴다. 문제 해결의 실용적 리더십은 대중적 소구력이 강하다. 문제는 대통령만 보인다는 점이다. 1인 거버넌스 one man governance는 작은 실수나 오류에도 지지율의 하락으로 이어질 수 있는 단점이 있다. 비서실장을 위시한 대통령실의 참모진, 총리를 비롯한 내각, 당 대표와 원내 대표 중심의 여당 지도부가 삼각 편대를 이루는 한편 견제와 균형을 통해 국정의 집단적 리더십을 발휘하도록 해야 한다. 그래야 안정적 집권 연합의 유지·확장이 가능하다. 대한민국은 큰 나라다. 아무리 현명하고, 아무리 성실해도 대통령 혼자 다 할 수는 없다. 실용주의가 갖는 단점도 있다. 실용주의는 성과 지향적 접근이다. 성과가 눈에 띄거나 체감되지 않으면 실용주의는 효능감을 잃는다. 여론도 성과 여부에 따라 출렁이게 된다. 따라서 실용주의로 인한 성과 강박 때문에 긴 호흡과 큰 맥락보다는 근시안과 조급증에 빠질 수 있다.

극점에 달한 듯한 팬덤 정치도 때론 짐이 될 것이다. 열성적이고 적극적인 정치 참여가 낳은 정치 팬덤은 단순히 팬덤 리더를 지지하고 응원하는 데에 그치지 않는다. 구체적인 행동의 방향이나 의사 결정의 내용까지 영향을 미치려 한다. 민주당의 경우 원내 대표, 국회의장 선출에 당원의 의사를 20% 반영하도록 아예 제도화하고 있다. 정치 팬덤은 타협을 배척한다. 정책보다 승리가 우선이다. 다수의 선호를 반영한 정책의 관철보다는 정치적 대결과 성패에 집착한다. 정치 팬덤은 유력한 유튜브 채널을 중심으로 결집·동원되기 때문에 조직적인 힘을 수시로 과시한다. 전체 국민을 대표하는 대통령의 직위 문법과, 이재명 대통령 본인이 리더로 참여하고 적극 육성한 팬덤 정치의 행위 문법은 충돌할 수밖에 없다.

미국의 도널드 트럼프 대통령을 지지하는 유권자층을 'MAGA Make America Great Again' 진영이라 부른다. 최근 미성년자 성매매를 알선한 범죄로 복역하다 자살한 금융업자 제프리 엡스틴 Jeffrey Epstein의 고객 리스트 공개를 두고 MAGA와 트럼프 간에 이견이 표출되고, 트럼프를 비난하는 목소리마저 나오고 있다. 트럼프에 대한 절대적 추종을 자랑하는 MAGA에서조차 팬덤 리더에 대한 반발의 목소리가 터져 나오는 것에서 알 수 있듯이 팬덤 대중과 팬덤 리더 간의 충돌은 언제든지 일어날 수 있다. 정치 팬덤은 이미 권력화되었다.

민주화 이후 역대 정부의 집권기를 찬찬히 살펴보면 이런 결론을 얻게 된다. '국민은 정부와 여당이 민생과 경제 등 먹고사는 문제에 집중할 때 박수를 치고, 정치적 갈등 이슈에 매몰돼 삶의 문제를 등한시하면 화를 낸다.' 이 통찰을 김현종 대표는 '춘향이의 한은 변학도를 잡아 가둬야 풀리는 게 아니라 이 도령을 만나서 잘살 때 풀린다'고 표현했다.

이 평범한 진실을 시종일관, 집요하게 고수한다면 이재명 정부는 성공할 것이다. 여권이 내부의 견제에 의해 균형을 잃지 않는다면 이재명 정부는 성공할 것이다. 보통 사람들의 삶을 위해 이재명 정부의 성공을 소망하고, 기대한다.